DER GLÜCKSKOMPASS

MIX
Papier aus verantwor-
tungsvollen Quellen
FSC® C083411

Dr. Michael Kunze &
Dr. Silvia Jelincic:
Der Glückskompass – Das ganze Wissen
der Welt über Glück in einem Buch

Mitarbeit:
Raphaela Lang &
Michaela Koffler

Lektorat:
Andreas Görg

© 2021 edition a, Wien
www.edition-a.at

Cover: Isabella Starowicz
Satz: Sophia Stemshorn

Gesetzt in der Premiera
Gedruckt in Deutschland

1   2   3   4   5   —   24   23   22   21

ISBN 978-3-99001-479-0

Dr. Michael Kunze
Dr. Silvia Jelincic

DER GLÜCKS KOMPASS

Das ganze Wissen der Welt über Glück in einem Buch

edition a

INHALT

EIN GLÜCKLICHER ZUFALL

Sie wollte mich zum Thema Glück interviewen. Sie, Silvia Jelincic, die Journalistin, die Glück gehabt hatte. Beim Flug über den Atlantik. Bei dem schrecklichen Gewitter. Nicht in dem Flugzeug zu sitzen, das abgestürzt war, sondern in einer anderen Maschine, unweit dahinter, das war schon großes Glück. Auch wenn es sich anfühlte wie ein Schock. Der Schock war ihr auf dem Foto im Internet anzusehen. Weit aufgerissene Augen, als sie vom Absturz erfuhr. Ich hatte ein wenig zu ihrer Person recherchiert. Schließlich wollte ich ja wissen, mit wem ich gleich die Ehre haben würde.

Das moderne Kaffeebistro, das sie als Ort für unsere erste Begegnung vorgeschlagen hatte, verströmte kecke Behaglichkeit. Die hellen Holztische vor den großen Fensterflächen hielten das herbstliche Grau draußen. An diesem frühen Nachmittag war es angenehm ruhig hier. Die Kellnerin trug etwas vorbei, das sehr liebevoll angerichtet aussah, aber ich hatte schon zu Mittag gegessen. Also bestellte ich nur einen Kaffee.

Wie üblich war ich zu früh dran. So blieb mir Zeit, mich für das Interview zu sammeln. Eigentlich absurd. Ich sollte mich sammeln, obwohl gerade das Sammeln in diesem Fall mein Problem war. Gesammelt hatte ich zur Glücksforschung über die Jahre viel zu viel. Wo sollte ich anfangen? Noch nie hatte mich jemand zum Thema Glück interviewen wollen. Wie sie wohl auf mich gekommen war? Konnte sie einen Hinweis aus der Presseabteilung bekommen haben?

Das wäre typisch. Wenn die Pressestelle der *Medizinischen Universität* eine ungewöhnliche Anfrage bekam, war die erste Ansprechstation immer der Professor Kunze. Als Sozialmediziner war ich quasi für alles zuständig, wofür es keine Spezialisten gab.

Wie auch immer. Jedenfalls hatte Silvia Jelincic mit mir genau den Richtigen erwischt. Seit sechs Jahrzehnten befasste ich mich mit der Glücksforschung. In diesen Jahrzehnten hatte ich stapelweise Studien zum Thema Glück gelesen. Aber aufgearbeitet hatte ich das ganze Material nie. Das hatte ich immer vor mir hergeschoben, zumal andere Aufgaben stets drängender und näher an dem waren, was von einem Professor für Sozialmedizin erwartet wurde.

Ich hatte mich mit Blickrichtung U-Bahn-Station ans Fenster gesetzt, da ich annahm, dass meine Gesprächspartnerin aus dieser Richtung kommen würde. Hätte ich dieses Interview ablehnen sollen? Eine Stunde hatten wir dafür anberaumt. Für eines der riesigsten Themen überhaupt. Kein Tag verging, ohne dass in irgendeinem Magazin irgendjemand irgendeine neue Glücksstudie verwurstete. Meist ohne die Studie gelesen zu haben. Welches Essen und welche Diät machen glücklich? Wie werden Beziehungen und Singles glücklich? Welcher Extremsport und welche Schweigemeditation führen zum Glück? Lauter sensationelle Eintagsfliegen.

Ich konnte nur hoffen, dass mich Silvia Jelincic nicht zum Erzeuger einer solchen Eintagsfliege machen wollte. Professor Kunze enthüllt das wahre Geheimnis des Glücks. Ein

Graus. Für einen solchen Artikel wollte ich meinen Namen jedenfalls nicht hergeben.

Da sah ich sie schon in einem langen Herbstmantel heraneilen. Sie war pünktlich.

Zum Glück hatte ich die U-Bahn gerade noch erwischt. Professor Kunze sei alte Schule und doch unorthodox, hatte mir ein gemeinsamer Bekannter erzählt. Alte Schule bedeutete jedenfalls, dass Pünktlichkeit bei dieser ersten Begegnung wichtig war.

Als ich dem Professor am Telefon gesagt hatte, dass ich zum Thema Glück recherchiere, hatte er sich etwas reserviert angehört. Vielleicht hatte er zu diesem Thema wenig zu sagen. Schließlich war er Mediziner. Er erwähnte eine berufliche Erfahrung, die er Mitte der 1960er-Jahre gemacht hatte. Das verwirrte mich. »Wie alt sind Sie denn?«, fragte ich ihn unumwunden.

In zwei Jahren würde er achtzig sein, lautete seine Antwort, die mich weiter verwirrte. Erst nach dem Telefonat sah ich mir seine Vita an. Ich war schon sehr gespannt auf diesen Professor, Jahrgang 1942, der immer noch an der Abteilung für Sozial- und Präventivmedizin der *Medizinischen Universität Wien* tätig war.

Eigentlich hätte ich erwartet, bei meinen Recherchen zunächst an einen Psychologen zu geraten. Die Studien zur Glücksforschung, die mir bis jetzt untergekommen waren, stammten alle von Psychologen. Allerdings nicht von heimischen. Vielleicht war das der Grund dafür, dass ich bei einem Sozialmediziner gelandet war. Auch gut. Dann konnte ich zunächst die körperlichen Aspekte des Glücks abklären. Aber inhaltlich erwartete ich von diesem Interview nicht allzu viel. Mich interessierte mehr die Person, die ich gleich treffen würde.

Da sah ich ihn auch schon am Fenster sitzen. Breites sympathisches Lächeln, das war ein guter Anfang. Und doch bemerkte ich in seinem Blick auch die Skepsis, die mir schon am Telefon aufgefallen war. Für so etwas hatte ich als Journalistin einen sechsten Sinn. Innerlich musste ich seufzen. Wenn ich die Katze aus dem Sack ließ, würde seine Skepsis bestimmt noch wachsen. Dass aus meinen Recherchen ein Buch werden sollte und dass ich eigentlich auf der Suche nach einem wissenschaftlichen Supervisor war, hatte ich ihm wohlweislich nicht verraten. Denn das verhieß Arbeit. Davor scheuten die Herren Professoren, die ich bisher kennengelernt hatte, zurück. Ganz zu Recht, denn über zu wenig Arbeit konnte sich in höchsten akademischen Kreisen niemand beschweren. Aber wahrscheinlich kam ein Sozialmediziner ohnehin nicht für meine Zwecke infrage.

Ich ließ meinen Mantel an der Garderobe hängen, wo ich ihn im Blick haben würde.

Der Professor erhob sich und deutete eine leichte Verbeugung an. »Guten Tag, Frau Jelincic, freut mich sehr. Sie haben mir noch gar nicht verraten, warum Sie eigentlich zum Thema Glück recherchieren.«

Autsch! Der Mediziner kam gleich zum wunden Punkt. »Guten Tag, Herr Professor.« Ich spürte seinen bohrenden Blick. »Vielleicht wird es etwas Größeres«, versuchte ich auszuweichen.

Er zog seine Stirn in tiefe Falten. Sein Blick wurde noch bohrender. »Sie meinen eine Artikelserie?«

Ich schüttelte den Kopf. »Noch größer«, sagte ich ein wenig verschämt, denn ich fühlte mich ertappt. »Aber von Ihnen brauche ich nur diese eine Stunde, Ehrenwort!«, schob ich nach, damit er nicht gleich dichtmachte.

»Noch größer als eine Artikelserie? ... Sie meinen ein Buch. Ein Buch über Glück!«

Ich seufzte und nickte. Was dann geschah, überraschte mich.

Der Professor setzte sich an den Tisch, sichtlich entspannt, breit grinsend. Auch die tiefen Falten auf seiner Stirn waren verschwunden. »Glück ist ein großes Thema«, hob er an. »Vielleicht neben der Liebe das größte überhaupt. Dafür ist mir eine Stunde Interview zu wenig. Wenn Sie die Sache seriös angehen wollen, ...«

WAS SIE ERWARTET

Einleitung von Dr. Silvia Jelincic

Sind Sie glücklich? Haben Sie sich diese Frage schon einmal gestellt? Was bedeutet Glück für Sie und was tun Sie für Ihr Glück?

Ich erinnere mich noch gut daran, wie ich vor etwa fünf Jahren mit meinem kleinen Sohn auf einem Spielplatz stand und eine zierliche ältere Dame beobachtete. Sie hatte ein Lachen, das sich schwer mit Worten beschreiben lässt, das ansteckend war, stark und ehrlich. So fühlt sich Glück an, dachte ich mir.

Wir kamen rasch ins Gespräch. Sie erzählte mir, sie passe mittwochs immer auf ihre Enkelin auf und genieße die Zeit mit der Kleinen. Seit sie als Single lebe, sei alles, ihr ganzes Leben, viel besser. Sie habe sich von ihrem Mann getrennt und wolle sich nie wieder binden.

Hatte ich richtig gehört? Nie wieder? Sie wollte alleine bleiben? Ist es nicht gerade eine innige Partnerschaft, die sich so viele Menschen wünschen und die wahres Glück bedeutet?

Diese Frau zu beobachten und wenige Minuten mit ihr zu sprechen, öffneten mir in so mancher Hinsicht die Augen. Das sollte ich allerdings erst Jahre später merken. Erst meine intensive Auseinandersetzung mit der Glücksforschung lehrte mich, wie recht diese Frau mit ihrer Einstellung hatte und wie recht auch jeder Mensch mit genau der gegenteiligen Einstellung haben konnte.

Dass ich mich mit der Glücksforschung auseinandersetzte, hatte einen Grund.

Noch Anfang 2020 hätten die wenigsten von uns für möglich gehalten, was alles passieren kann, schnell und ohne Vorboten. Als wir damals von Corona hörten, interessierte es uns nicht sonderlich. Wir dachten, China sei so weit weg. Heute wissen wir es besser. Wir leben alle auf demselben Planeten und sind stärker miteinander verbunden, als uns bewusst ist.

Viele Menschen hat die Situation vor nie dagewesene Schwierigkeiten gestellt. Sie verloren ihre Arbeit, waren mit Kindern und Lebenspartnern überfordert und stießen an ihre gesundheitlichen Grenzen. Bekannte und Freunde, die immer stark und optimistisch durchs Leben gingen, fühlten sich hilflos und klagten über Depressionen.

Das Ausmaß dieses glücklosen Zustandes fiel mir zum ersten Mal auf meinem Internetportal auf. Ich bin Journalistin und betreibe eine Bloggingplattform. Dort gebe ich Menschen die Möglichkeit, über all das zu schreiben, was sie bewegt, über ihr Leben und ihre Lieben, über ihre Sorgen und Nöte. So finden sich Gleichgesinnte und interessierte Menschen, die teils sehr persönliche Themen diskutieren.

Ich erinnere mich an den Beitrag einer Mutter, die offen schrieb, sie könne ihre Kinder daheim kaum noch ertragen. Wir Eltern sollten uns nichts vormachen. Das Gezanke, Geplärre und Herumgezappel den ganzen Tag und dieser Druck, den Kindern entgegen den eigenen Überzeugungen Spielkonsolen und Handyspiele geben zu »müssen«, all das war an manchen Tagen tatsächlich unerträglich. Ein Leben ohne Schule und die Kinder fast immer daheim – für viele Eltern war das ein Alptraum, über den sie erst nach einer Weile offen und ohne Angst vor Maßregelung sprechen konnten.

Corona war und ist für viele von uns ein Härtetest, aber auch eine Art Ventil. Ich habe manchmal das Gefühl, als wäre vieles ohne das Virus gar nicht an die Oberfläche gedrungen. Nicht alles, was das Virus gebracht hat, ist schlecht. Menschen öffneten ihre Seelen und erzählten von Ängsten, die sie plagten. Von Ängsten, Freunde und Verwandte zu verlieren, vor Krankheit, Ausgrenzung, sozialem Abstieg und Überwachung oder schlicht davor, dass die guten alten Zeiten nie wiederkommen würden. Reisefreiheit, Bewegungsfreiheit, alles vorbei. Corona hat Millionen Menschen unglücklich gemacht.

Corona war auch die Zeit der Gurus, die uns einfache Glücksformeln servierten, nach dem Muster: »Tu dir Gutes und sei glücklich – es ist doch ganz einfach«, oder: »Denk positiv, dann wird es besser!«

Diese platten Sprüche braucht in Krisenzeiten wirklich niemand. Sie nerven. Wenn ich selbst unglücklich war und jemand so etwas zu mir sagte, empfand ich es als empathielos, manchmal geradezu als aggressiv. Auch deshalb fing ich an, darüber nachzudenken, was Glück eigentlich ist und wie wir es wieder in unser Leben bringen können, wenn wir es einmal verloren haben.

Es gibt Dinge im Leben, die passieren einfach. Darauf haben wir wenig oder gar keinen Einfluss. Ist es also Schicksal, ob wir glücklich sind oder nicht? Schließlich gibt es Menschen, denen fällt das Glück anscheinend ständig in den Schoß. Sie bekommen die besseren Partner, die besseren Jobs, die braveren Kinder. Und nebenbei gewinnen sie auch noch im Lotto oder zumindest eine dieser sündhaft teuren Reisen.

Sie mögen diese Leute nicht? Fein, ich auch nicht. Aber vielleicht haben sie es ja auch verdient. Glück ist ja angeblich oft auch ein Begleiter der Tüchtigen und Mutigen. Auch ein Lottogewinner ist in gewisser Weise tüchtig und mutig. Er kauft immerhin einen Lottoschein. Er traut sich. Er macht es und geht das Risiko ein, zu verlieren, vielleicht sogar Woche für Woche, er gibt in Summe viel Geld aus und irgendwann hat er dann eben auch Glück. Wohlverdient, oder etwa nicht?

Aber ist es wirklich so, dass wir Glück erreichen können, wenn wir uns darum bemühen, genauso wie um eine schlanke Linie, eine gute Note in der Schule oder ein Lob vom Chef?

Als ich mich damit zu befassen begann, stieß ich zunächst auf noch mehr Gurus und Esoteriker, die ihre Rezepte über *YouTube*-Kanäle oder Webinare verkauften. Allesamt machen sie einen meiner Meinung nach unverzeihlichen Fehler: Sie präsentieren ihre Rezepte als allgemeingültig und tun so, als würde alle Menschen das Gleiche glücklich machen. Ich brauche nur meine Kinder zu beobachten, um zu wissen, dass das nicht stimmen kann.

Also fragte ich mich als nächstes, ob es in Sachen Glück auch so etwas wie eine objektive Wahrheit gibt. Idealerweise eine, aus der jeder Mensch für sich seine eigenen Rezepte ableiten konnte. Eine wissenschaftlich fundierte Wahrheit, die frei von spirituellem Firlefanz ist und die einfach funktioniert. Für Pragmatiker des Glücks sozusagen, für Menschen, die ihr Leben gerne selbst in die Hand nehmen.

Ich begann zu recherchieren und geriet durch einen glücklichen Zufall an Prof. Dr. Michael Kunze. Bei der ersten Begegnung wurde mir klar: Mit diesem Menschen möchte ich zusammenarbeiten. Er strahlte Optimismus aus. Corona dominierte nach wie vor die Welt. Da war diese Begegnung ein kleiner Segen.

Kunze beschäftigte sich sein bisheriges Berufsleben lang mit Sozial- und Präventivmedizin. Dass er all jene Fragen, die sich um Glück, Zufriedenheit und Wohlbefinden drehen, auch als Teil seines Aufgabenbereiches sah, war mir anfangs gar nicht bewusst.

Zum ersten Gespräch hatte ich natürlich auch seine Vita als Teil meiner Rechercheunterlagen mitgebracht. Ich deutete auf die lange Liste der anspruchsvollen Funktionen, die er neben seiner ärztlichen Tätigkeit im österreichischen Gesundheitswesen innehatte. »Wie schaffen Sie das eigentlich alles?«, fragte ich ihn.

»Ach wissen Sie…«, antwortete er, »Ich bin glücklich.«

Er meinte, dass er vor allem deshalb glücklich sei, weil er keinen Grund habe, unglücklich zu sein. Er sei gesund. Das Leben gebe ihm alles, was er brauche, um glücklich zu sein. Eine Familie und Arbeit, beides erfülle ihn.

Vielleicht denken Sie sich jetzt, dass Kunze zu den Gesegneten gehört, die auf die »Butterseite« des Lebens gefallen sind. Aber so ist es nicht. Auch in seinem Leben gibt es das Unglück. Nur kommt er damit offensichtlich gut zurecht.

Als ich mehr über das Glück von ihm erfahren wollte, nannte er Forschungsergebnisse zum Thema. Teilweise klangen sie wie etwas, das wir alle auch selbst entdecken können, aber er mahnte mich, genau hinzuschauen und die Konsequenzen scheinbar banaler Erkenntnisse zu bedenken. Teilweise handelte es sich um umfangreiche, jahrelang oder sogar jahrzehntelang durchgeführte Studien, die zu überraschenden Ergebnissen kamen.

Kunze und ich beschlossen, aus dem verfügbaren, wissenschaftlich belegten Wissen der Welt über Glück ein Buch zu machen, aus dem Glücks-Pragmatiker ihre eigenen Rezepte ableiten können.

Die Fülle der vorhandenen Forschungsergebnisse überraschte mich, während ich mich durch zahlreiche, nicht immer besonders spannend zu lesende und dann auch noch in trockenem Wissenschafts-Englisch gehaltene Studien arbeitete. Und noch etwas überraschte mich: Schon allein die Beschäftigung mit dem Glück machte mich glücklich. Dieser Effekt motivierte mich zusätzlich bei der Arbeit. Ich hoffe, diesen Effekt an alle Leserinnen und Leser weitergeben zu können, selbst an jene, die nur mal eben in diesem Buch blättern.

Wie immer Sie dieses Buch benutzen – denn zum Benutzen ist es gemacht –, ich wünsche Ihnen viel Freude dabei, viele Inspirationen und dass es Ihnen hilft, als Pragmatiker oder Pragmatikerin des Glücks den Grundton Ihres Lebens aufzuhellen.

Mag. Dr. Silvia Jelincic, MA, Februar 2021

WAS IST GLÜCK?

Was uns Driss und Philippe, zwei Menschen, die aufgrund ihres Schicksals auf keinen Fall glücklich sein dürften, über das Glück lehren, welchen Missverständnissen über das Glück wir aufsitzen und was Sie in diesem Buch erwartet.

Driss und Philippe könnten kaum unterschiedlicher sein. Driss ist in der Pariser Vorstadt aufgewachsen. Seine Vorfahren kommen aus dem Senegal. Wie viele andere junge Männer aus seinem Viertel hat auch er bereits ein paar Jahre seines Lebens im Gefängnis verbracht. Auf dem Arbeitsmarkt hat er mit diesem Hintergrund kaum eine Chance. Nur die Arbeitslosenversicherung bewahrt ihn davor, gleich wieder in die Kriminalität abzurutschen. Allerdings reicht die staatliche Unterstützung nicht einmal für eine eigene Wohnung. Driss muss bei seiner alten Mutter Unterschlupf suchen. Wie soll er die Träume eines jungen Mannes verwirklichen? Bleibt ihm nur die Tristesse zwischen Drogen und Kleinkriminalität? Wie kann er jemals ein wirklich glückliches Leben führen?

Philippe hingegen hat alles, was sich ein Mensch wünschen kann. Er ist Multimillionär, wohnt in einem Palais im Zentrum von Paris, besitzt einen Privatjet und fährt sportliche Luxusautos. Er genießt das Leben in vollen Zügen. Bis ihn zwei Schicksalsschläge treffen: Seine Frau stirbt an Krebs. Als er sich von diesem Unglück halbwegs erholt hat, stürzt er beim Paragliding ab. Er überlebt, allerdings ist er fortan vom dritten Halswirbel abwärts gelähmt.

Der Unfall ändert für Philippe alles. Er, der reiche, erfolgreiche und intelligente Geschäftsmann, kann ohne die Hilfe anderer nicht einmal aufs WC. Zu allem Übel überfällt ihn auch noch eine lebensgefährliche Atemnot, immer wieder ohne Vorwarnung. Was nützt ihm sein ganzer Reichtum, wenn er sich nicht einmal selbst die Sauerstoffmaske aufsetzen kann? Rund um die Uhr benötigt Philippe jemanden an seiner Seite und ist dennoch ständig in Lebensgefahr. Die Menschen um ihn herum sind voller Mitleid für dieses schreckliche Schicksal. Kann er jemals wieder glücklich werden?

DIE GROSSEN GLÜCKS-IRRTÜMER

Für viele ist Glück die große Liebe. Andere träumen von einem Lottogewinn, vom Traumjob, von einem Haus mit Garten. Diese Aufzählung ließe sich endlos fortsetzen. Bis hin zu den kleinen Dingen, die uns glücklich machen: ein Spaziergang im Wald, auf den wir uns schon die ganze Woche freuen, die neueste Staffel unserer Lieblingsserie oder einfach ein heißes Bad. All diese Dinge können uns glücklich machen. Wohlgemerkt können.

Es gibt auch Menschen, die sich durch eine große Liebe beengt fühlen würden, denen ein Lottogewinn nichts bringen würde, was sie schon haben, die am liebsten gar keinen Job haben, und die mit einem Garten vor allem mühselige Arbeit verbinden.

Was Glück ist, ist von Mensch zu Mensch verschieden. Je nach Ausgangslage, Persönlichkeit und Einstellung zum Leben weicht das persönliche Glück von dem ab, was die Mehrheit als Glück betrachten würde. Wobei die Dinge, die gemeinhin als Quellen des Glücks gelten, nicht unbedingt tatsächlich glücklich machen. Auch die Mehrheit kann sich irren.

So denkt die Mehrheit, es mache glücklich, ein paar Millionen Euro auf dem Konto zu haben. Dies, weil die Mehrheit aus Mittel- und Kleinverdienern besteht. Für sie ist es natürlich, von Reichtum zu träumen. Ihre sozioökonomische Ausgangslage erzeugt ihren Traum. Im Lotto zu gewinnen, steht für einen der größten Glücksmomente überhaupt. Aber entspricht das der Realität? Sind Lottogewinner wirklich glücklichere Menschen?

Am anderen Ende der verbreiteten Glücksskala stehen traumatische Erfahrungen: der Tod von geliebten Menschen, ein schwerer Unfall oder eine schwere Krankheit mit bleibenden körperlichen Schäden, Behinderung. Beim Gedanken an solches Unglück kommen Zweifel auf, ob wir je wieder glücklich sein könnten. Doch auch hier stellt sich die Frage: Wie ist es wirklich um die Glücksgefühle von Menschen bestellt, denen so etwas wiederfährt?

Der Psychologe Philip Brickman und seine Kollegen von der *Northwestern University* in Illinois verglichen diese beiden extremen Lebenssituationen. Für ihre Studie interviewten die Wissenschaftler einerseits Lottogewinner. Nur einer von ihnen hatte erst vor weniger als einem Monat gewonnen. Bei den anderen lag der Gewinn länger zurück, aber nicht mehr als eineinhalb Jahre. Außerdem interviewten die Forscher bleibend schwer beeinträchtigte Unfallopfer. Als Kontrollgruppe interviewten sie auch Menschen, die weder im Lotto gewonnen, noch einen Unfall oder andere traumatische Erlebnisse gehabt hatten.

Das Ergebnis dieses Vergleichs relativiert die allgemeinen Annahmen über Glück. Die Lottogewinner berichteten zwar von positiven Veränderungen – dazu gehörten finanzielle Sicherheit, mehr Freizeit und ein höherer sozialer Status – allerdings ergab die Auswertung aller ihrer Antworten, dass sie insgesamt nicht glücklicher waren als die Kontrollgruppe. Auch für die Zukunft sagten sie sich kein gesteigertes Wohlbefinden voraus.

Die Forscher benannten auch die Gründe dafür. Die Lottogewinner empfanden verschiedene alltägliche Aktivitäten als weniger beglückend als die Kontrollgruppe. Ein liebevoll angerichtetes Frühstück, mit Freunden zu plaudern, ein gemütlicher Fernsehabend, das alles war den Lottogewinnern weniger wert.

Wenn wir unversehens zu viel Geld kommen,
hat das nicht nur positive Auswirkungen.
Andere positive Ereignisse in unserem Leben
können dadurch bedeutungsloser werden.
Am Ende sind wir nach dem Geldsegen
womöglich sogar unglücklicher als zuvor.

Bei den Unfallopfern zeigte sich ein ähnliches Bild, nur andersherum. Sie waren im Durchschnitt recht glücklich, wenn auch nicht ganz so glücklich wie die Lottogewinner und die Kontrollgruppe. Besonders an die Zeit vor ihrem Unfall zurückzudenken, löste bei ihnen vor allem Wehmut aus.

Die Mühen ihrer Behinderung hätten nahegelegt, dass sie auch in der Gegenwart eher unglücklich waren. Diese Annahme erwies sich jedoch als falsch. Die Unfallopfer freuten sich zwar weniger als die Kontrollgruppe an kleinen Dingen des Alltags, aber dramatisch war der Unterschied nicht. Die Unfallopfer lagen mit ihren Antworten im Schnitt immer noch deutlich auf der glücklichen Seite. Ihre Zukunftsaussichten bewerteten sie ähnlich positiv wie die anderen beiden Gruppen.

Das Fazit des Vergleichs lässt sich in zwei einfachen Erkenntnissen zusammenfassen.

Erstens. Glück ist relativ. Je nach Ausgangslage steigern unterschiedliche Dinge unser Glücks- und Unglücksempfinden.

Zweitens. Wir gewöhnen uns mit der Zeit an neue Lebenssituationen, egal ob sie eine Veränderung zum Besseren oder zum Schlechteren gebracht haben, egal wie extrem die Veränderung war. Auf Dauer sind wir trotz Veränderung weder wesentlich glücklicher noch wesentlich unglücklicher. Das Glück pendelt sich immer wieder ein. Ein Grund mehr, immer zuversichtlich in die Zukunft zu blicken.

GLÜCK IST IMMER MÖGLICH

Kehren wir damit zurück zu Philippe und Driss. In unserer Geschichte mit diesen beiden Helden hat sich Phillippes Glücksgefühl nach den beiden Katastrophen in seinem Leben noch nicht wieder eingependelt. Es ist davon sogar noch weit entfernt, als er eines Tages einen neuen persönlichen Assistenten braucht. Mit den Bewerbern ist er jedoch unzufrieden. Am meisten stoßen ihn jene ab, die Lebenssinn für sich selbst suchen, indem sie behinderten Menschen helfen.

Auch Driss bewirbt sich bei Philippe, allerdings mit einem ganz anderen Motiv. Driss rechnet sich gar keine Chancen auf den Job aus. Er will damit nur die Streichung seiner Arbeitslosenunterstützung durch das Sozialamt verhindern. Von Philippe braucht er nur eine Unterschrift. Mitleid hat er nicht mit ihm. Er begegnet Philippes Behinderung vielmehr mit Humor und klaut ihm nebenbei ein paar Wertsachen.

Philippe stellt ihn genau deshalb ein, obwohl Driss keine Ahnung vom Job eines persönlichen Assistenten hat. Er empfindet den Mangel an Mitleid als Voraussetzung dafür, dass sich sein Leben einmal mehr und diesmal wieder zum Positiven verändern kann. Durch Driss' direkte und offene Art lernt Philippe, dass er seine Situation akzeptieren muss, um wieder ein glücklicher Mensch zu werden.

Umgekehrt genießt Driss das Leben im Luxus an der Seite des reichen Philippe, bis ihn seine Vergangenheit einzuholen droht. Die beiden trennen sich. Einmal mehr ist Philippe wieder umgeben von Menschen, die ihn bemitleiden und als hilflosen Patienten betrachten. Es ist diese Behandlung, nicht seine Behinderung, die Philippe die Lebenslust nimmt.

Als Driss vom schlechten Zustand Philippes erfährt, kommt er zurück. Um Philippe aufzumuntern, setzt Driss ihn kurzerhand in einen Sportwagen und rast los. Es dauert nicht lange, da liefern sie sich eine wilde Verfolgungsjagd mit der Pariser Polizei. Einer Bestrafung entgehen sie, indem Philippe einen Anfall vortäuscht.

Zuletzt fahren die beiden an den Ärmelkanal, wo Philippe endlich den entscheidenden Schritt in ein neues Leben setzt. Er trifft seine Brieffreundin Éléonore, die von seiner Behinderung nichts weiß. Lange ist er ihr aus dem Weg gegangen, aus Furcht, seine Behinderung könnte sie abschrecken.

Am Ende der Geschichte erkennt Philippe, dass es nicht seine Behinderung ist, die ihn davon abhält, glücklich zu sein. Es ist die damit verbundene Überzeugung, nicht mehr glücklich sein zu können. Die Menschen um ihn herum, die nicht wissen, wie sie mit ihm umgehen sollen, verstärkten lange diese Überzeugung. Erst Driss behandelte ihn ganz normal. Das machte die beiden zu mehr als zu Assistent und Kunde. Sie wurden ziemlich beste Freunde.

»Ziemlich beste Freunde« wurde in Frankreich zu einem der erfolgreichsten Filme überhaupt und erlangte auch international große Bekanntheit. Das Drehbuch beruht auf der Lebensgeschichte des Millionärs Philippe Pozzo di Borgo, der nach einem Paragliding-Unfall querschnittsgelähmt war, und seinem Assistenten, dem Algerier Abdel Sellou.

Was zeigt diese wahre Geschichte?

Glück ist immer möglich. Es wartet in jeder Lebenslage.
Das bestätigen die unter dem Titel »Ziemlich beste Freunde«
verfilmte Autobiografie von Philippe Pozzo di Borgo und
die genannte Studie des Psychologen Philip Brickman
und seiner Kollegen gleichermaßen.

DAS PRINZIP DER DREI MONATE

Wie positiv oder negativ sich bedeutende Lebensereignisse auf unser Glücksempfinden auswirken, das fragten sich auch der südkoreanische Psychologe Eunkook Suh von der *Yonsei Universität* in Seoul und die beiden amerikanischen Psychologen Ed Diener und Frank Fujita. Sie beforschten einen Zeitraum von vier Jahren.

Ihre Ergebnisse bestätigten das bisher Gesagte. Tatsächlich haben einschneidende Lebensereignisse nur vorübergehend Einfluss darauf, wie glücklich oder unglücklich wir sind. Danach verblasst ihre Wirkung. Wie lange das dauert, kann von Mensch zu Mensch unterschiedlich sein, doch nach drei Monaten hatten die meisten Ereignisse ihre Wirkung auf das Glücksempfinden der Studienteilnehmer verloren. Länger wirkten sich nur besonders tragische Ereignisse, wie der Tod eines Familienmitglieds, aus. Das gilt auch für besonders positive Ereignisse wie Lottogewinne oder Hochzeiten. Unser weiteres Glücksempfinden hängt davon ab, wie sich unser Leben nach einem Lottogewinn oder einer Hochzeit weiter gestaltet und in welche Richtung wir es selbst beeinflussen.

Egal welches Unglück oder welches Glück uns zustößt, nach etwa drei Monaten hat sich unser Glücksempfinden wieder eingependelt. Womit wissenschaftlich belegt ist, dass alles Schlimme vorübergeht und dass es kein Happy End für immer gibt. Daran sollten wir immer denken, in den schlimmen genau wie in den schönen Momenten. Denn es macht uns widerstandsfähiger und dankbarer. Es hilft uns, im Moment zu leben und das macht unser Leben intensiver.

Die Erholung von negativen Ereignissen gelingt uns umso besser, je weniger wir uns negative Dinge aus unserer Vergangenheit ständig vergegenwärtigen. Verdrängung ist allerdings auch keine gute Lösung.

Um glücklicher zu werden, müssen wir das Negative zunächst an uns heranlassen, es eingehend betrachten, daraus lernen, ihm damit die Kraft nehmen und es dann loslassen, damit es uns loslässt.

Wir sollten uns weniger auf die Dinge konzentrieren, die waren. Vielmehr sollten wir Kraft aus dem schöpfen, was jetzt ist und was uns Freude bereitet. Konzentrieren wir uns vor allem darauf, dann finden wir auch etwas, das uns glücklich macht.

WELLENBEWEGUNG DES GLÜCKS

Interessanterweise hat die Langzeitstudie von Eunkook Suh auch ergeben, dass positive und negative Phasen unseres Glücksempfindens meist erstaunlich stabil sind. Eine Zeit lang war das Glück der Teilnehmer höher, dann wieder eine Zeit lang niedriger. Es scheint in Wellen von mehreren Monaten bis zu eineinhalb Jahren zu verlaufen. Je nach Persönlichkeit der Teilnehmer bewegten sich diese Wellen in den vier Jahren rund um einen Mittelwert eher im positiven, im mittleren oder im negativen Bereich des Glücksempfindens.

Persönlichkeit ist ein wichtiger Faktor für unser Glücksempfinden. Einen Teil unserer Persönlichkeit, etwa unsere Grundeinstellung zu uns selbst und unserer Umwelt, können wir nicht einfach so ändern, aber wir können sie mit der Zeit beeinflussen. Diese Fähigkeit versetzt uns am ehesten in die Lage, ein glücklicherer Mensch zu werden. Denn vor Unglück von außen sind wir zwar niemals sicher, doch wir können darauf hinwirken, dass der Mittelwert unseres Glücksempfindens sich tendenziell im positiven Bereich bewegt.

DAS RÄTSEL DER PHASEN

Noch etwas Bemerkenswertes zeigte sich in Eunkook Suhs Langzeitstudie. Einschneidende positive wie negative Lebensereignisse waren bei den Teilnehmern nicht etwa willkürlich über die vier Jahre verstreut. Stärkere positive und negative

Lebensereignisse lagen vielmehr meist nahe aneinander. Wenn besonders schlimme Dinge passierten, passierten bald auch besonders gute, und umgekehrt. Dazwischen gab es längere Phasen, in denen den Teilnehmern weder besonders positive noch besonders negative Dinge wiederfuhren.

Warum das so ist, dafür gibt es noch keine rationale Erklärung. Die Forscher wissen es einfach nicht. Sie haben allerdings festgestellt, dass wir solche Verdichtungen normalerweise nicht wahrnehmen. Wir würden die Phasen nur wahrnehmen, wenn wir die Ereignisse, die uns prägen, über Jahre hinweg als Punkte auf einer Zeitachse eintragen. Da wir das nicht tun, glauben wir fälschlich, dass sich positive und negative Ereignisse ohne Plan und Muster über unsere ganze Lebenszeit verteilen.

Das Rätsel der Phasen sollten wir uns immer dann in Erinnerung rufen, wenn uns gerade etwas besonders Schlechtes oder etwas besonders Gutes widerfahren ist. War es etwas besonders Schlechtes, haben wir gute Chancen, dass bald etwas Gutes eintritt. War es etwas besonders Gutes, sollten wir eher bescheiden bleiben.

DIE GEOGRAFIE DES GLÜCKS

Die Frage, was Glück eigentlich ist, ist damit allerdings noch immer nicht beantwortet. Einstweilen wissen wir, dass jeder Mensch Glück und Unglück in jeder Lebenslage empfinden kann, egal ob Lottogewinner oder Unfallopfer. Deshalb scheint das Glück ein Phänomen der Gegenwart, des Moments zu sein. Wir fühlen Glück immer in der Situation, in der wir uns gerade befinden. Auch wenn wir von einer schönen Zukunft träumen, fühlen wir Glück nur im Hier und Jetzt. Ob die Zukunft wirklich so schön wie in unserem Traum wird, wird sich dann erst zeigen.

Dennoch scheint Glück mehr als nur ein flüchtiger Stoff zu sein, der von einem Moment zum anderen vergehen kann. Glück kann andauern, denn es vollzieht sich in Wellen, die mehrere Monate bis eineinhalb Jahre andauern können. Darüber hinaus kann Glück sogar ein anhaltendes Lebensgefühl sein, wenn wir lernen, unser Leben trotz Aufs und Abs als prinzipiell glücklich anzusehen.

Glück hat dabei unendlich viele Gesichter und Facetten. Der Rausch beim Erklimmen eines Berggipfels, Schokoladenkuchen mit Vanilleeis und Erdbeeren, der Moment einer wichtigen Erkenntnis, das Lachen mit Freunden, der tolle Urlaub, die Beförderung, die Pakete unter dem Weihnachtsbaum und die großen Kinderaugen – all das kann Glück sein. Gibt es angesichts dieser Vielfalt überhaupt eine Antwort auf die Frage, was Glück nun eigentlich ist?

Viele berühmte Menschen, Philosophen, Künstler und Politiker haben auf diese Fragen wohlklingende, in inspirierten Momenten entstandene Antworten gegeben. Wir haben einige davon zur Inspiration in kleinen Kästen über dieses Buch verteilt. Doch diese Antworten bleiben letztlich immer persönlich und subjektiv. Sie schenken uns das eine oder andere Aha-Erlebnis. Wenn wir darüber hinaus versuchen, das Glück zu begreifen und mehr für uns daraus machen wollen, geht das mit diesen kurzen Antworten meist nicht.

Wenn wir uns an die Glücksforschung halten, wird die Sache kaum einfacher. Das Phänomen Glück lässt sich wissenschaftlich schwer eingrenzen. Es entzieht sich sogar so pragmatischen Methoden wie standardisierten Fragebögen, die Studienteilnehmer ausfüllen müssen. Versuche in diese Richtung gibt es genug und die Fragen beziehen sich meist auf die drei gleichen Bereiche:

Erstens. Die Einschätzung des eigenen Glücks im Vergleich zu jenem der anderen

Zweitens. Konkrete Gefühle und Momente des Glücks oder Unglücks

Drittens. Hintergrund des Glücks: Sinn, Ziele und deren Erreichbarkeit, Zugehörigkeit, Autonomie, Selbstwertgefühl und so weiter

Eine Studie von der Psychologin Gwendolyn Gardiner an der *University of California* zeigte, dass mit diesen Fragebögen immer ein Problem verbunden ist. Sie messen nicht das Glück an sich. Sie messen bloß, was in der Kultur der jeweiligen Forscher und der Testpersonen als Glück gilt.

So etwa funktionieren amerikanische Fragebögen in Amerika und in Europa. In Asien hingegen führen die im Westen entwickelten Fragebögen zu mehrdeutigen Antworten. Dort funktionieren Fragebögen etwa aus Japan viel besser. Weder die japanischen noch die amerikanischen Fragebögen erzielen jedoch im arabischen und afrikanischen Raum brauchbare Ergebnisse. Dementsprechend gibt es keinen Fragebogen, mit dem sich messen ließe, wo in der Welt die Menschen am glücklichsten sind.

Fragebögen und andere Erhebungsmethoden der Glücksforschung sind also durch die jeweilige Kultur verzerrt. Der kulturell geprägte Diskurs über das Glück ermöglicht es, über das Glück nachzudenken, schränkt dieses Denken aber gleichzeitig ein.

Glück ist überall etwas anderes. Es gibt keinen global einheitlichen Maßstab für Glück, keine einheitlichen Fragebögen, mit denen sich Glück quantifizieren und regional vergleichen lässt. Was wir als Glück wahrnehmen, hängt also auch davon ab, in welche Kultur wir geboren sind.

So etwa sind die westlichen Länder durch eine protestantische Ethik geprägt, die Glück mit Erfolg gleichsetzt. Die Antworten der Testpersonen sind stets von diesem Diskurs gefärbt und verzerrt. Im Gegensatz dazu steht etwa das Glücksempfinden der Filipinos. Obwohl die Philippinen zu den ärmsten Ländern der Welt gehören und regelmäßig von Naturkatastrophen, Korruption und politischen Konflikten betroffen sind, erhielten sie beim *World Value Survey* den höchsten Platz Asiens im subjektiven Wohlbefinden. Anstelle von materiellen Gütern und Erfolg haben für die Einwohner nämlich familiärer Zusammenhalt und Gesundheit die höchste Priorität.

DIE BIOLOGIE DES GLÜCKS

Wenn wir die Sache biochemisch betrachten, wird es etwas einfacher. Glück ist dann schlicht die Ausschüttung größerer Mengen an bestimmten Botenstoffen im zentralen Nervensystem. Diese Ausschüttungen sind so etwas wie der kleinste gemeinsame Nenner des Glücks.

Biochemisch betrachtet sind wir glücklich, wenn unser
Nervensystem für ein gutes Niveau an Glückshormonen sorgt.

Diesen natürlichen und eigentlich unwillkürlichen Vorgang können wir beeinflussen, und zwar ganz ohne Medikamente oder Drogen. Denn unser Glücksempfinden entsteht aus einer Kette komplexer Wechselwirkungen zwischen Reizen, Geist und Körper. Die Kette dieser Wechselwirkungen kann sich entweder in eine für uns gute, neutrale oder in eine für uns schlechte Richtung entwickeln. Sie kann auch zunächst eine Richtung einschlagen und später in eine andere abbiegen.

Entwickelt sich die Kette in die für uns gute Richtung, fühlen wir uns zunächst wohl. Das macht uns aufmerksam, weil sich das Wohlgefühl ja zu einem richtigen Glücksgefühl steigern lassen könnte. Also gehen wir den Reizen nach, die zu dem guten Gefühl geführt haben. Wir aktivieren also willentlich biochemische Systeme, die bestimmte Botenstoffe herstellen und ausschütten.

Diese Botenstoffe, auch Neurotransmitter genannt, dienen der Kommunikation zwischen den Nervenzellen. Zusätzlich zu den rein elektrischen Impulsen übermitteln sie chemische Informationen. Wenn alles gut läuft und uns nichts zwischendurch frustriert, schüttet unser Nervensystem immer mehr dieser Botenstoffe aus. Es handelt sich um Dopamin, Opioide und Oxytocin, die sogenannten Glückshormone. Sind genug davon in unseren Nervenbahnen, empfinden wir Glück. Das kann sich bis zum Glücksrausch steigern. Was genau bewirken diese Hormone? Hier ist ein kurzer Überblick.

Dopamin. Unser Nervensystem schüttet es bereits aus, wenn wir etwas begehren. So entsteht Vorfreude. Es hat einen ähnlichen Effekt wie aufputschende Drogen. Wir fühlen uns motiviert, optimistisch und unser Selbstvertrauen steigt. Wir sind konzentrierter und handlungsbereiter, insbesondere bei neuen Herausforderungen. Dopamin macht uns zusätzlich wacher, neugieriger, lernfähiger und kreativer. Unser Gehirn schüttet Dopamin bereits aus, wenn wir uns konzentrieren. Dopamin gilt deshalb als das Hormon des Wollens, der Erregung und des Lernens.

Opioide. Sie schüttet unser Nervensystem aus, wenn wir bekommen, was wir begehrt haben. Opioide (zum Beispiel Endorphine, Enkephaline und Dynorphine) entstehen häufig auch bei starker körperlicher Anstrengung und Stress und wirken schmerzlindernd. Unter anderem sind sie die Ursache für das sogenannte Runner's High, das Läufern das euphorische Gefühl gibt, unendlich lange weiterlaufen zu können.

Unsere körpereigenen Opioide schütten wir aber auch bei positiven Erfahrungen aus. Sie stärken unser Ich-Gefühl, unser Gedächtnis und unser Lernvermögen. Sie sorgen für das Glücksgefühl nach einer bestandenen Prüfung oder nach einer Beförderung. Wohlbefinden und Lebensfreude machen sich mit ihnen breit. Einen solchen Effekt haben auch Drogen wie Opium oder Heroin, allerdings gepaart mit den bekannten problematischen Neben- und Folgewirkungen.

Oxytocin. Es bildet den biochemischen Hintergrund zwischenmenschlicher Bindungen und des Vertrauens. Oxytocin ist sowohl Ursache als auch Wirkung von Bindungserfahrungen mit Freunden, Familie oder Partnern. Es macht uns kooperativer, partnerschaftlicher, fairer und treuer, entspannter und weniger ängstlich. Dieses angenehme Gefühl bewegt uns dazu, neue Beziehungen einzugehen, zusammenzuarbeiten und bereits bestehende Beziehungen zu pflegen. Stabile Partnerschaften sorgen am ehesten für ein hohes Niveau an Oxytocin-Ausschüttung.

In der menschlichen Natur liegt nicht, wie oft behauptet, das eigennützige Verfolgen von Zielen. Vielmehr drängt uns unsere Körperchemie zur Teilhabe an sozialen Gemeinschaften und zur Bildung von Beziehungen mit anderen Individuen. Als ursprünglich schwaches Glied in der Nahrungskette hätte sich die Spezies Mensch anders auch gar nicht durchsetzen können. Deshalb können wir in der Interaktion mit anderen das meiste Glück finden.

Wie wir die Ausschüttung der glücksbringenden Botenstoffe im Detail beeinflussen können, davon handeln die folgenden Kapitel.

GLÜCK LESEN

Der kleinste gemeinsame Nenner des Glücks ist also ein biochemischer Vorgang, ausgelöst durch bestimmte Reize. Welche inneren und äußeren Reize wir wahrnehmen, wie wir sie wahrnehmen und wie wir sie verarbeiten, hängt zu einem großen Teil von unseren Einstellungen ab. Die Reize von außen, die unser Glück befeuern, spielen auch eine Rolle, allerdings eine geringere, als wir gemeinhin annehmen. Es ist also nur ein Teil der Wahrheit, wenn wir denken, das Glück liege auf der Straße, irgendwo da draußen. Damit übersehen wir leicht unsere beste Chance, glücklich zu werden: indem wir selbst das Richtige dazu beitragen. Wir können die Ausschüttung der Glückshormone in uns selbst begünstigen und sogar provozieren. Wie das funktioniert, zeigt dieses Buch.

Im folgenden Teil werden Sie sehen, wie unsere inneren Einstellungen und die daraus resultierenden Handlungen unser Glück bewirken oder verhindern können. Dabei geht es auch um eine der Kehrseiten des Glücks, die Enttäuschung. Wie gehen wir mit Enttäuschungen so um, dass sie unser Glück möglichst wenig beeinträchtigen?

Außerdem lesen Sie in diesem nächsten Teil über einfache Praktiken wie Dankbarkeit, Freundlichkeit und das Leben im Moment, die uns helfen, gute Gefühle in uns selbst und bei anderen hervorzurufen. Gute Gefühle gehen mit der Ausschüttung von Glückshormonen einher. Je konsequenter und gekonnter wir gute Gefühle schaffen, desto eher können wir unser Glücksempfinden sogar dauerhaft verbessern.

Im dritten Abschnitt geht es um Geld. Wie viel Geld brauchen wir, um glücklich zu sein? Brauchen wir überhaupt Geld dafür? Wen macht Geld glücklich und wen nicht?

Der vierte Abschnitt dieses Buches beschäftigt sich mit Selbstfürsorge. Hier ist nachzulesen, womit wir uns selbst besonders guttun können. Wir können unser Wohlbefinden steigern, indem wir auf bestimmte Dinge achten, wie etwa Ernährung, Sport, Verspieltheit, Humor, Meditation, Aufenthalte in der Natur, gesunden Schlaf, der Entwicklung einer Zufriedenheit mit dem eigenen Körper und einem guten Umgang mit dem Altern.

Im fünften Abschnitt geht es um unsere persönliche Weiterentwicklung. Welche Art von Zielsetzung bringt uns Glück? Bringt Erfolg automatisch Glück? Wie verhält es sich mit dem Lernen, mit guten Noten, Erkenntnissen, beruflicher Selbstverwirklichung und Leidenschaft in der Arbeit? Sie werden überrascht sein, auf welche Weise und wie sehr das alles mit unserem Glück zu tun hat.

Im sechsten Abschnitt schließlich behandeln wir das Glück, das wir mit anderen Menschen erleben können. Überall, wo wir interagieren, ist das Potential für Glückserfahrungen hoch, aber genauso die Gefahr der Enttäuschung und Verletzung. Worauf also sollten wir besonders achten, damit eine Beziehung glücklich werden kann? Was haben Sex, Kinder, körperliche Berührung, Freundschaft, Begegnungen auf der Straße und Soziale Medien mit Glück zu tun?

Zum Abschluss ziehen wir ein Fazit. Das Wissen der Welt über Glück läuft auf Empfehlungen hinaus, die sich in eini-

gen wenigen Leitsätzen zusammenfassen lassen. Eine Empfehlung vorweg.

Lesen Sie das Folgende mit dem Bewusstsein,
dass Sie selbst mehr als Sie glauben zu Ihrem Glück
beitragen können, und zwar unabhängig von den Fährnissen
des Lebens. Benutzen Sie es als Kompass, denn um Ihnen als
solcher zu dienen, ist es gemacht. Versuchen Sie aber nicht,
Glück damit zu erzwingen. Das würde nicht funktionieren.
Warum, das erfahren Sie im nächsten Kapitel.

GRUNDEINSTELLUNG

Der Weg zum Glück ist gepflastert mit guten Ratschlägen. Oft kommen sie von Menschen, die für sich selbst einen Weg gefunden haben, glücklicher zu werden, und glauben, dass er auch für alle anderen funktioniert. Doch was sagt eigentlich die Forschung? Tausende Studien hat sie bereits zum Thema Glück hervorgebracht. Der Großteil davon ist schwer verständlich, voller langmächtiger wissenschaftlicher Ausführungen. Doch bei genauerer Betrachtung ergibt sich ein nachvollziehbares Grundwissen über das Glück. Außerdem empfiehlt uns die Forschung einige einfache Glücksübungen.

Stellen Sie sich vor, Sie organisieren bei sich zu Hause eine Geburtstagsfeier für Ihren besten Freund. Es ist ein runder Geburtstag. Viele andere Freunde und Verwandte haben sich angekündigt. Alle freuen sich auf das Fest. Das Organisieren macht Ihnen Spaß. Die meisten warmen Speisen bereiten Sie selbst zu, das kalte Buffet sowie Kuchen und Torten steuern Ihre Gäste bei.

Nur die große Geburtstagstorte mit der Aufschrift aus Zuckerguss und den Verzierungen mit Marzipanfiguren überlassen Sie lieber Profis. Die Torte soll richtig spektakulär werden, zumal sich das Geburtstagskind für große Torten begeistert. Nach langer Detailplanung erteilen Sie einer renommierten Konditorei den Auftrag, das süße Kunstwerk nach Ihren Skizzen anzufertigen.

Am Festtag, einem Sonntag, sind Sie schon seit den Morgenstunden mit den Vorbereitungen beschäftigt. Kurz nach Mittag treffen die ersten Gäste ein. Der Buffettisch füllt sich zusehends. Nur der Platz in der Mitte, wo die große Torte stehen soll, ist nach wie vor leer.

Sie rufen bei der Konditorei an und erreichen eine freundliche Mitarbeiterin, die versichert, die Torte sei unterwegs. Aber sie kommt nicht. Es ist wie verhext. Trotz weiterer Telefonate keine Torte. Bei der Konditorei muss etwas schiefgegangen sein, was die Angestellten dort jedoch nicht zugeben wollen. Offenbar spielen sie auf Zeit.

Schließlich meinen einige Gäste, sie müssten bald aufbrechen. Es bleibt Ihnen nichts anderes übrig, als zu improvisieren. Die größte der vorhandenen kleinen Torten muss – behelfsmäßig mit Kerzen geschmückt – als Geburtstagstorte herhalten, damit alle noch das Happy Birthday anstimmen können.

Wie würden Sie sich in dieser Situation fühlen? Wäre Ihr Tag verdorben? Oder würden Sie achselzuckend denken, so ist das Leben? Irgendwo dazwischen können Sie sich jetzt einordnen.

In diesem Kapitel widmen wir uns den kleinen Dingen in unserem Leben, die einen großen Unterschied für unser Glück machen. Dazu zählt unter anderem unser Umgang mit den Torten, die im Leben so oft ausbleiben.

ERWARTUNGEN UND ENTTÄUSCHUNGEN

Wenn Sie eher zu jenen Menschen gehören, die sich überwiegend über den Fehler und die Hinhaltetaktik der Konditorei ärgern, statt das Fest trotzdem in vollen Zügen zu genießen, beachten Sie bitte folgende Warnung.

Erwartungen, Vorfreude und Hoffnungen sind eine Gefahr
für Ihr Glück. Sie können immer enttäuscht werden.

Wenn wir uns auf etwas Besonderes freuen, konsumieren wir Glücksgefühl auf Basis unserer Phantasie, die der Realität voraus ist. Sollte die Realität dann vom Erträumten negativ abweichen, produziert das Unglück. Wir haben uns sprichwörtlich zu früh gefreut. Wir erleben eine Enttäuschung, also das Gegenteil von Glück.

Je höher Erwartungen, Vorfreude und Hoffnungen sind,
desto größer ist auch das Potential für eine Enttäuschung.

Wir sind gut beraten, unsere Erwartungen mit genau dem Abstand zu betrachten, den wir zur Zukunft haben. Zwischen uns und der Zukunft liegt immer eine Menge Ungewissheit. Zu sehen, was uns möglicherweise unglücklicher macht, ist ebenso wichtig wie zu sehen, was uns möglicherweise glücklicher macht.

Glücklicher werden ist keine Einbahnstraße. Wir sind ständig
in Gefahr, Rückschläge und Enttäuschungen zu erleben.

Das bedeutet nicht, dass wir ohne jegliche Erwartungen, ohne Vorfreude und ohne Hoffnungen leben sollen. Eine prinzipiell optimistische Lebenseinstellung ist laut Studien förderlich für unser Glücksempfinden, weil wir damit in der Gegenwart positive Emotionen in Bezug auf die Zukunft haben. Wir sollten aber einen guten Umgang mit der Gefahr der Enttäuschung finden.

Dafür gibt es verschiedene Optionen.

Es ist gut, wenn wir uns eine schöne Zukunft ausmalen. Dennoch sollten wir damit rechnen, dass es anders kommt, weil das Leben zum Glück voller Überraschungen steckt. Wenn wir uns gerade schönen Hoffnungen hingeben, sollten wir immer auch an den schlechtesten Fall denken. Einfach als Ausgleich. Wenn wir am Ende irgendwo dazwischen landen, wird sich unsere Enttäuschung in Grenzen halten und unsere Chance, dann doch zufrieden zu sein, ist am größten.

Optimismus ist gut, solange wir uns nicht an das Eintreten bestimmter Ereignisse in der Zukunft klammern.

Vermeiden wir es so gut wie möglich, uns zu früh zu freuen. Konzentrieren wir unsere Freude nicht auf das, was noch fehlt, also zum Beispiel auf die große Torte. Freuen wir uns vor allem über die Vergangenheit und über die Dinge, die schon da sind. Über das volle Buffet, die vielen Gäste und das schöne Fest. Das entspricht einer Haltung der Dankbarkeit.

Eine Studie der Psychologin Iris Mauss und ihrer Kollegen an amerikanischen und israelischen Universitäten lieferte dafür den wissenschaftlichen Nachweis. Menschen, die es besonders hoch bewerten, glücklich zu sein, sind generell unglücklicher. Besonders hoch ist demnach die Gefahr, unglücklicher zu werden, in jenen Situationen, in denen wir uns besonders viel Glück erwarten. Personen, die mehr unternehmen, um glücklich zu sein, sind auch eher enttäuscht. Diese Enttäuschung lässt sie dann womöglich noch verbissener nach Glück streben. So führt das Streben nach Glück ins Unglück.

Diesen paradoxen Effekt des Strebens nach Glück gilt es zu vermeiden. Viele Menschen denken: Ich will glücklicher werden. Wenn wir uns allerdings nach Glück sehnen, stehen wir unserem Glück im Weg. Das wusste auch der englische Philosoph und Ökonom John Stuart Mill. In seiner Autobiografie 1873 schrieb er: »Glücklich sind nur jene, die ihre Gedanken auf etwas anderes fixieren als ihr eigenes Glück.«

*Glück lässt sich nicht erzwingen. Je hartnäckiger
wir das versuchen, desto mehr stoßen wir es ab.*

Nehmen wir als Beispiel dieses Buch. Es vermittelt gesichertes Wissen über das Glück. Wenn wir dieses Wissen mit Bedacht einsetzen, erhöht sich die Wahrscheinlichkeit, dass wir unser Glücksniveau anheben und mehr Momente sowie längere Phasen des Glücks erleben. Empfehlenswert sind Aktivitäten, die mit höherer Wahrscheinlichkeit Glücksgefühle nach sich ziehen und bei denen sich Enttäuschungen gut vermeiden lassen. Diese Wahrscheinlichkeit ist wohlgemerkt das Gegenteil einer Garantie. Je mehr wir damit rechnen, dass Glück sich einstellt, desto größer ist unsere mögliche Enttäuschung. Wir sollten daher nie mit dem Glück rechnen.

Das Beste, was wir tun können, ist, dem Glück die Türen zu öffnen. Dieses Buch zeigt, welche Türen und Hintertüren das sein können. Wir sollten eine Tür nur öffnen, wenn sie zu uns passt. Dann lassen wir das Glück einfach kommen.

Unsere beste Einstellung zum Glück ist die gelassene Offenheit. Wenn es kommt, ist es wunderbar. Wenn es diesmal nicht kommt, kommt es vielleicht ein anderes Mal durch eine andere Tür.

Je gelassener wir sind, desto besser. Denn diese Gelassenheit ist selbst schon ein sanfter beglückender Zustand, der Enttäuschungen mildert.

ERFOLG UND DAS GLÜCK

Gelassenes Wahrnehmen von Möglichkeiten statt verbissenes Streben nach Ergebnissen empfiehlt sich auch aus einem anderen Grund: Lange galt als erwiesen, erfolgreiche Menschen seien glücklicher. Bis die Psychologin Lisa Walsh und ihre Kollegen vom Psychologie-Department der *University of California und der Chapman University* die betreffenden Studien genauer lasen. Die Forscher fanden heraus, warum sich diese falsche Annahme so lange halten konnte. Die Studien hatten Ursache und Wirkung verwechselt.

Nicht Erfolg führt zu mehr Glück,
sondern Glück führt zu mehr Erfolg.

Positive Emotionen gehen dem beruflichen Erfolg voraus. Studienteilnehmer, die positive Emotionen erfuhren oder entwickelten, handelten im Gegensatz zu jenen mit negativen oder neutralen Emotionen kooperativer, setzten sich höhere Ziele und konnten bessere Leistungen erbringen. Außerdem schätzten sie sich selbst und andere positiver ein und verhielten sich im Allgemeinen sozialer. Sie waren auch eher originell, flexibel, kreativ, spielerisch und neugierig als der Rest.

Mit dem Glück als Rückenwind geht alles leichter. Hingegen ist es in einer Phase der Unzufriedenheit oder gar des Unglücks doppelt schwer, erfolgreich zu sein. Daher empfiehlt es sich, in schwierigen Phasen eher die Ruhe zu bewahren, Kraft zu sammeln, Neues auszuprobieren und auf gute Gelegenheiten zu warten. Nach Erfolg zu streben, um aus einer Phase des Unglücks herauszukommen und wieder glücklich zu werden, kann zwar auch gelingen, führt allerdings mit höherer Wahrscheinlichkeit zu Enttäuschungen und damit zu noch tieferem Unglück.

RICHTIGES ENTTÄUSCHUNGS-MANAGEMENT

Die neue Flamme hat sich als Flop erwiesen? Der Traumurlaub war in Regen und Nebel gehüllt? Befördert wurden nur zwei Kollegen? Unsere Kompetenz beim Umgang mit potentiellen und tatsächlichen Enttäuschungen spielt für unser Glücksniveau eine entscheidende Rolle.

Potentielle Enttäuschungen können wir mittels Realismus vorhersehen. Realismus ist die beste Basis, um vorausschauend zu handeln, um Enttäuschungen zu vermeiden oder zumindest ihre Wucht zu mindern.

Wir geben einer prinzipiell optimistischen
Lebenseinstellung ein solides Fundament, wenn
wir das Gute sehen, aber dennoch mit allem,
auch mit dem Schlechten, rechnen.

Die rosarote Brille zu tragen, also nur das Positive zu sehen, ist dem Glücksempfinden abträglich, weil die Enttäuschungen uns umso wuchtiger treffen. Umgekehrt ist es allerdings genauso problematisch, gleichsam eine dunkelgrau getönte Brille zu tragen und nur das Negative zu sehen. Auch an Dingen, die auf den ersten Blick negativ erscheinen, gibt es eine positive Seite. Das Positive im Negativen zu sehen, ist eine Fähigkeit, die unserem Glücksempfinden zuträglich ist.

Sofern wir alles unternommen haben, um mögliche Enttäuschungen zu vermeiden, können wir tatsächliche Enttäuschungen im ersten Moment nur hinnehmen. Dieses Akzeptieren der eigenen Ohnmacht ist eine gute Basis, um die Enttäuschung in weiterer Folge zu überwinden.

Daraus unter anderem erklärt sich auch die positive Wirkung eines Glaubens, egal, ob an eine Religion oder ein anderes spirituelles Konzept. Zu denken, dass etwas so, wie es kam, göttliche Fügung oder Schicksal war, ist eine erprobte Methode des Enttäuschungs-Managements.

Die positive Wirkung eines Glaubens auf unser Glücks-empfinden ist durch viele ganz unterschiedliche Studien belegt. Sie ist insbesondere damit erklärbar, dass der Glaube an eine höhere Macht uns dabei hilft, unsere Ohnmacht anzunehmen, ohne den Halt zu verlieren.

Auch wenn wir Menschen uns noch so sehr wünschen, alles unter Kontrolle zu haben und alles erklären und vorhersehen zu können, uns also gewissermaßen zur Gottheit aufzuschwingen, müssen wir doch immer wieder feststellen: Shit happens! Wir sind nicht allmächtig.

Das Hadern mit der eigenen Ohnmacht macht uns unglücklicher. Ein gewisses Maß an Schicksalsergebenheit tut uns daher gut. Wohlgemerkt aber nur ein gewisses Maß. Wer sich vollends dem Schicksal ergibt, wird zwar Enttäuschungen besser wegstecken, aber das allein reicht nicht. Glücklicher werden jene, die ihr Schicksal trotz allem in die Hand nehmen, also stets handlungsfähig bleiben und zum Beispiel versuchen, aus Krisen und Schicksalsschlägen zu lernen.

DIE MACHT DER DANKBARKEIT

Schon einfache kleine Aktivitäten, die wir ohne besonderen Zeitaufwand in unseren Alltag einbauen, können uns glücklicher machen.

Eine davon besteht darin, uns in Dankbarkeit zu üben.

»Sei doch dankbar für das, was du hast«, heißt es oft als Empfehlung gegen schlechte Laune und Unzufriedenheit. Das zu hören, mag in der falschen Situation frustrieren. Doch laut der Psychologin und Glücksforscherin Sonja Lyubomirsky von der *University of California Riverside* könnte Dankbarkeit tatsächlich einer der Universalschlüssel für ein glücklicheres Leben sein.

Die Forschung hat bereits belegt, dass dankbare Menschen hilfsbereiter, optimistischer und glücklicher sind und weniger häufig an Depressionen, Nervosität und Einsamkeit leiden. Lyubomrisky beschäftigte sich nun konkret damit, ob Menschen durch Dankbarkeit über lange Zeiträume hinweg glücklicher werden können.

Die Teilnehmer ihrer Studie führten sechs Wochen lang ein Tagebuch, in dem sie einmal pro Woche jeweils fünf Dinge notierten, für die sie dankbar waren. Und tatsächlich: Bei denjenigen Probanden, die diese Übung konsequent durchführten, stieg das Glücksempfinden signifikant an. Dabei reichten die Antworten von schönem Wetter bis zur bestandenen Prüfung oder der eigenen Gesundheit.

Nun könnte es sein, dass glückliche Menschen generell dankbarer sind, dass also Dankbarkeit, wie Erfolg, eine Folge des Glücks ist. Lyubomrisky musste also beweisen, dass Dankbarkeit tatsächlich die Ursache für ein stärkeres Glücksempfinden ist.

Der Versuchsaufbau für diesen Beweis war ähnlich: Die Probanden sollten nun täglich fünf Dinge notieren, für die sie dankbar sind. Die Kontrollgruppe hingegen sollte täglich fünf ärgerliche, beziehungsweise generell wichtige Ereignisse notieren. Auch hier fühlte sich die Gruppe, die sich in Dankbarkeit übte, nach zehn Wochen zufriedener und optimistischer. Zusätzlich nahmen körperliche Beschwerden wie Kopfschmerzen, Akne, Husten und Schwindel ab. Außerdem trieben diese Probanden mehr Sport.

> *Dankbarkeit als Grundeinstellung gilt*
> *weltweit und unabhängig von Land und Kultur*
> *als erstrebenswerte Eigenschaft. Zu Recht, denn*
> *die Wissenschaft lässt keinen Zweifel daran:*
> *Dankbarkeit macht uns glücklicher und gesünder.*

Die Forschung hat Dankbarkeit nicht nur als individuelle Wahrnehmung des eigenen Lebens untersucht. Dankbarkeit in sozialen Beziehungen untersuchte 2008 ein Forscherteam der *University of Virginia*. An vielen amerikanischen Universitäten gibt es nicht nur von männlichen Studenten Verbindungen, sondern auch von Studentinnen. In diesen sogenannten Sororities ist der Brauch verbreitet, im Zuge der »Big Sister Week«, Aktivitäten und Geschenke für die neuen Mitglieder zu organisieren.

Die Forscher nahmen diese Form der institutionalisierten Beschenkung der jüngeren durch die älteren Studentinnen zum Anlass, um die Folgen von dankbarem Verhalten auf die Gruppe und deren Individuen zu analysieren. Die neuen und alten Mitglieder sollten ihre Beziehung zueinander nach dem Ende der Big Sister Week sowie einen Monat später bewerten.

Das Ergebnis war, dass Menschen, die dankbar für Freunde und Verwandte sind, eine engere und bessere Beziehung zu ihnen haben.

»Wenn wir dankbar für andere Menschen sind, behandeln wir sie automatisch besser«, sagte der Studienautor und Psychologe Robert Emmons. »Dies führt dazu, dass sich die Beziehung festigt und wir noch dankbarer dafür sind. So kann Dankbarkeit für die Beziehungen zu anderen Menschen unser Glück steigern.«

Das Aussprechen von Dankbarkeit,
zum Beispiel abends vor dem Schlafengehen,
ist ein erprobtes Ritual. Wenn wir uns täglich
daran erinnern, was uns Gutes widerfahren ist,
macht uns das nachweislich glücklicher.

Damit wecken wir bewusst gute Gefühle und sorgen dafür, dass unser Nervensystem Glückshormone ausschüttet. Hier ist keine Einbildung oder Autosuggestion am Werk. Wir erinnern uns an tatsächliche Begebenheiten und Umstände, für die wir dankbar sind. Das ist Realität.

Allerdings legen wir dabei den Fokus insbesondere auf die schönen Seiten der Realität. Das tägliche Ritual hilft uns bei dieser Fokussierung und beim Wiedererleben der positiven Gefühle.

GEFÜHLE VERARBEITEN

Im Alltag machen wir laufend gute und schlechte Erfahrungen. Im Laufe unseres Lebens erlernen und entwickeln wir verschiedene Methoden, diese zu verarbeiten. Mit ihnen beschäftigte sich ebenfalls die Glücksforscherin Sonja Lyubomirsky in einer Studie. Demnach erfordern gute Erfahrungen eine andere Verarbeitung als schlechte.

Bei schlechten Erfahrungen tut uns eine intensive Verarbeitung gut. Wir sollten über sie sprechen, sie analysieren und über sie schreiben. Studienteilnehmer, die schlechte Erfahrungen gemacht hatten, waren mit dieser Art der Verarbeitung nach vier Wochen zufriedener und psychisch und physisch gesünder als die Vergleichsgruppe, die sich nur beiläufig mit ihren schlechten Erfahrungen befasst hatte.

Aus allem Unglück, das uns zustößt, und allen Fehlern, die wir machen, lassen sich Lehren ziehen. Das ist leichter gesagt als getan. Wir können in unserem Leben tiefe emotionale Verletzungen erleiden, deren Heilung sich über Jahre oder sogar Jahrzehnte hinziehen kann.

In solchen Fällen kann es sinnvoll sein, sich bei der Analyse professionelle Unterstützung durch eine passende Form der Psychotherapie zu suchen. Doch auch dabei sollten wir möglichst rasch zu einem Punkt kommen, statt uns im Negativen zu vergraben. Wir müssen wissen, was wir nächstes Mal besser machen würden, um weitere schlechte Erfahrungen der gleichen Art zu vermeiden. Damit kommen wir aus dem Gefühl der Ohnmacht heraus und werden wieder handlungsfähig.

Am schnellsten kommen wir zu diesem Punkt mit Personen, denen wir vertrauen und die uns kritisches Feedback geben, möglichst mit Humor, damit wir lernen, das Negative positiv zu verarbeiten. Wenn wir wegen der positiven Verarbeitung des Negativen Dankbarkeit empfinden, sind wir am Ziel. Dann können wir das Negative auch wirklich gut abschließen und sagen: Schwamm drüber.

Reden, Analysieren und darüber Schreiben helfen
uns dabei, schlechte Erfahrungen zu verstehen und
uns von negativen Gefühlen zu lösen.

Bei guten Erfahrungen verhält es sich, laut der Studie von Sonja Lyubomirsky, genau umgekehrt. Die Studienteilnehmer, die gute Dinge hinterfragten, intensiv beredeten und analysierten oder sogar darüber schrieben, waren weniger glücklich, als jene, die sich nur oberflächlich mit den guten Erfahrungen auseinandersetzten.

Gute Erfahrungen sollten wir nicht zerreden,
sondern einfach annehmen und dankbar dafür sein.

Dieser Unterschied ist so groß und so wesentlich für unser Glücksempfinden, dass wir die Verarbeitung von guten und von schlechten Erfahrungen sorgfältig voneinander trennen sollten. Deshalb empfiehlt es sich, zwischen der Analyse schlechter Erfahrungen und dem Ritual der Dankbarkeit einen zeitlichen Abstand einzuhalten.

FREUNDLICH MACHT GLÜCKLICH

Freundlichkeit kann wie Dankbarkeit eine Übung sein, die uns glücklicher macht. Je nach Typ können wir anderen Menschen im Alltag mit einem Lächeln oder sogar mit Humor begegnen.

Wir können offen statt defensiv reagieren. Wir können anderen und auch uns selbst Fehler verzeihen. Wir können hilfsbereit sein, kleine oder größere Geschenke machen, Gefälligkeiten erweisen, gute Taten vollbringen. Es gibt viele Wege, freundliche Akte zu setzen.

Sonja Lyubomirsky hat dazu ein Experiment gemacht. Sie hat Studienteilnehmer gebeten, bewusst drei zusätzliche freundliche Akte pro Woche gegenüber anderen Personen zu setzen. Das konnten Kleinigkeiten sein, wie jemandem die Tür aufzuhalten. Es konnten aber auch größere Geschenke oder zeitaufwändige Gefälligkeiten sein. Das blieb den Teilnehmern überlassen. Eine andere Gruppe wies die Forscherin an, dreimal pro Woche bewusst gegenüber sich selbst freundlich zu sein. Die Teilnehmer jener Gruppe, die freundlich zu anderen waren, fühlten sich danach deutlich glücklicher und mit der Welt verbundener.

Warum Freundlichkeit gegenüber anderen Menschen glücklicher macht, ist leicht zu erklären. Wir wecken damit positive Emotionen in den Menschen, denen wir begegnen. Daher reagieren diese Menschen tendenziell positiv, was wiederum bei uns positive Emotionen hervorruft. Wir kennen das Sprichwort: Wie man in den Wald hineinruft, so schallt es zurück. Die Freundlichkeit, die wir ausstrahlen, kommt in der einen oder anderen Form zu uns zurück. Vielleicht nicht immer, aber doch häufig.

Das macht uns glücklich, allerdings dürfen wir dabei nicht Freundlichkeit gegen Freundlichkeit aufrechnen. Nur weil wir durchwegs freundlich sind, sind unsere Mitmenschen noch lange nicht durchwegs freundlich. Wahrscheinlich werden wir weniger Freundlichkeit zurückbekommen, als wir ausstrahlen. Das können wir ruhig in Kauf nehmen. Wichtig ist nur, dass wir durch unsere Freundlichkeit mehr Freundlichkeit als bisher zurückbekommen.

Das zeigt auch die Grenzen von freundlichem Verhalten. Sobald wir uns überwinden oder verstellen müssten, um freundlich zu bleiben, sind diese Grenzen erreicht. Manchmal sind Klarheit, Strenge und Tadel tatsächlich die bessere Wahl. Das ist allerdings seltener der Fall, als wir glauben. Oft sind es irgendwelche Ärgernisse, unsere Ungeduld oder unsere allgemein schlechte Laune, die uns unnötig unfreundlich machen. Diese unnötige Unfreundlichkeit können wir mit etwas Disziplin überwinden. Wenn wir uns über etwas ärgern, können wir uns daran erinnern, dass ein wesentlicher Teil der Freundlichkeit das Verzeihen von Fehlern ist.

Eine verzeihende, fehlerfreundliche Grundeinstellung ist das, was zutiefst freundliche Menschen von allen anderen unterscheidet. Solche Menschen müssen nicht auf Kritik verzichten. Sie praktizieren allerdings eine freundliche Art, Kritik zu üben, indem sie die Berechtigung ihrer Kritik erklären. So können sie auch in kritischen Situationen freundlich bleiben.

DAS GUTE AM NEUEN

Die Londoner Sozialpsychologinnen Kathryn E. Buchanan und Anat Bardi haben herausgefunden, dass Abwechslung unser Glücksempfinden ebenso zu steigern vermag wie bewusst praktizierte Freundlichkeit. In einem Experiment hielten sie die Teilnehmer an, jeden Tag irgendetwas Neues zu tun, und sei es, ein anderes Verkehrsmittel zur Arbeit zu nehmen, ein Restaurant zu besuchen, in dem sie noch nie waren oder ihre abendliche Spazierrunde anders anzulegen. Schon nach zehn Tagen zeigte das Experiment deutliche Veränderungen im Glücksempfinden der Teilnehmer.

Wenn wir uns herausfordern und täglich etwas tun,
das wir noch nie getan haben, bringen wir ein
Quäntchen mehr Spannung in unser Leben.

Das Neue können wir in unzähligen Alltagssituationen umsetzen. Es beginnt schon in der Früh bei dem Geräusch, das unser Wecker von sich gibt. Heutzutage lassen sich bei den meisten Weckern die Geräusche ändern. Das Neue ist alles, das irgendwie ungewöhnlich ist. Wem das Neue um des Neuen willen zu wenig ist, kann das Ungewöhnliche auch mit dem Sinnvollen verbinden. Zum Beispiel können wir einbeinig Zähneputzen, um unsere innere Muskulatur zu stärken. Jede Woche eine neue Körperübung zu erfinden, eignet sich wunderbar. Ebenso unzählige Möglichkeiten bietet unsere Ernährung. Wir können auf den Zucker zum Kaffee verzichten und zumindest einmal in der Woche ein neues Rezept ausprobieren. Wir können hie und da einen neuen guten Witz im Internet suchen. Auch neues Wissen lässt sich via Internet im Handumdrehen erwerben. Manche lernen einfach eine neue Vokabel in einer Fremdsprache pro Tag. Andere sind sehr kreativ darin, anderen Menschen etwas Gutes zu tun. Am besten ist es, wenn wir das Neue als Ausdruck unserer Lebensfreude praktizieren.

Das Gute am Neuen ist, dass wir uns nie daran gewöhnen. Allerdings sollten wir immer daran denken, dass auch Routinen wertvoll sein und besonders in schwierigen Zeiten Halt geben können. Abwechslung darf uns etwas Überwindung abverlangen, sie sollte aber am Ende immer Spaß machen. Unsere Kreativität sollten wir daher vor allem dort ausleben, wo unsere Stärken sind. Das verstärkt den Effekt.

IM MOMENT LEBEN

»Das Leben vergeht ziemlich schnell. Wenn du nicht gelegentlich anhältst und dich umschaust, könntest du es verpassen.« Mit diesem Satz begrüßt Ferris Bueller die Zuschauer in den amerikanischen Kinosälen. In den nächsten hundert Minuten beweist er ihnen, wie recht er hat.

Ferris Bueller ist die von Matthew Broderick gespielte Hauptfigur des 1986 erschienenen und nach dem Drehbuch sowie unter der Regie von John Hughes produzierten Films mit dem deutschen Titel »Ferris macht blau«. Die Handlung ist schnell erzählt: Ferris ist 17 Jahre alt und in diesem Schuljahr bereits neun Mal zuhause geblieben. Ihm bleibt nur noch ein Tag, bis die Schule seine Eltern kontaktieren und sie fragen wird, warum Ferris so oft den Unterricht verpasst. Für Ferris ist das bloß ein Grund mehr, diesen letzten Tag, an dem er blau machen kann, so richtig zu genießen.

Er überzeugt seinen melancholischen Freund Cameron, einen Hypochonder aus reichem Haus, den Ferrari seines Vaters »auszuleihen«. Cameron liegt krank im Bett, als Ferris ihn anruft. Fieberthermometer, Wärmekissen und Taschentücher türmen sich neben ihm. Doch Ferris kennt seinen Freund: »Du stirbst nicht«, sagt er zu ihm. »Dir fällt einfach nichts ein, was du unternehmen könntest.«

Gibt es eine wirkungsvollere Medizin gegen Lebensverdruss als einen Tag voller Abenteuer?

Mit einem cleveren Täuschungsmanöver gelingt es den beiden, Ferris' Freundin Sloane aus dem Unterricht zu befreien. Zu dritt begeben sie sich auf einen aberwitzigen Tagesausflug nach Chicago, um das zu tun, was alle um sie herum viel zu selten machen: den Augenblick genießen.

Sie stehlen sich in ein Luxusrestaurant, streifen durch das Museum für moderne Kunst und besuchen ein Baseballspiel. »Die Frage ist nicht, was wir heute tun werden«, sagt Ferris. »Die Frage ist, was wir heute *nicht* tun werden.«

Auf dem Höhepunkt ihres Abenteuers sprengt Ferris eine große Parade und gibt auf einem Wagen zuerst den deutschen Schlager »Danke Schön« und danach das rockige »Twist and Shout« zum Besten.

Natürlich sind nicht alle von Ferris begeistert. Sein Schuldirektor versucht verbittert, den beliebten Ferris als Taugenichts und Betrüger zu entlarven, erlebt dabei aber bloß eine Enttäuschung nach der anderen. Auch Ferris'

Schwester neidet ihrem Bruder anfangs seine Leichtigkeit und Lebenslust.

Auffallend ist, dass beide Gegenspieler mit ihrem Leben unzufrieden sind. Insgeheim bewundern und beneiden sie Ferris für seine Gabe, sich völlig im Moment zu versenken und sich treiben zu lassen. Im Laufe der Geschichte wird klar, dass Ferris' Gefährten Sloane und Cameron nicht vor Zukunftsangst sicher sind. Was wird ihr Leben nach dem Schulabschluss bringen? Werden sie sich einen langweiligen Bürojob suchen und im immer gleichen Tagesablauf gefangen sein, bis sie alt sind? Was interessiert sie überhaupt und wo liegen ihre Talente? Sie wissen es nicht.

Ferris zeigt ihnen, dass solche Gedanken sie nicht aufhalten sollten. Das zeigt dieser Film uns allen. Wir müssen jedem neuen Tag positiv begegnen und nach seinen versteckten Gelegenheiten suchen. Wenn wir sie finden, so die Botschaft, müssen wir uns nur noch hineinfallen lassen. Das ist Ferris' wahres Geheimnis: Egal, was er macht, er kann sich dafür begeistern und fällt deshalb in den sogenannten Flow.

WENN ALLES WIE VON SELBST LÄUFT

Flow kommt vom englischen Fließen und bedeutet, dass wir in einer Tätigkeit aufgehen. Wenn wir im Flow sind, vergehen Stunden wie Minuten und die Umgebung rückt in den Hintergrund. Wir sind ganz im Moment, eins mit der Aktivität, sei es beim Lesen, Malen oder beim Schachspielen. Der

Flow geht mit erhöhter Motivation, kognitiver Effizienz und Zufriedenheit einher.

Während die Forschung früher davon ausging, dass dieser Effekt nur bei speziellen Tätigkeiten, wie etwa in der Chirurgie oder beim Klettern zustande kommen kann, wissen wir heute: Wir können den Flow genauso bei alltäglichen Aktivitäten erreichen, sogar beim Ausfüllen der Steuererklärung.

Das Entscheidende ist, dass unsere Fähigkeiten und die Anforderungen, denen wir genügen müssen, im Gleichgewicht stehen.

In den Flow geraten wir, wenn wir herausgefordert, aber weder über-, noch unterfordert sind. Solche Herausforderungen bieten uns Möglichkeiten zur Selbstverwirklichung und zu Wachstum und steigern unser Glücksempfinden.

Ein Tischler entwirft einen Tisch. Ein Programmierer schreibt ein neues Programm. Eine Friseurin gestaltet eine Frisur für den Wiener Opernball. Ein Steuerberater schreibt eine Bilanz. Ein Kellner serviert die Mittagsmenüs. Um es nicht dem Zufall zu überlassen, wann, wie oft und in welchen Situationen wir Flows erleben, müssen wir zunächst einmal herausfinden, unter welchen Bedingungen sie auftreten.

Amerikanische Forscher taten das in Zusammenarbeit mit den Mitarbeitern von fünf Firmen in Chicago. Die Mitarbeiter bekamen Beeper, die alle zwei Stunden einen Beep-Ton von sich gaben. Sie beantworteten nach dem Signal mehrere Fragen. Was taten sie gerade? Hatten sie Freude an der jeweiligen Aufgabe? Wie kompetent fühlten sie sich angesichts der Aufgabe?

Den Flow-Zustand erreichten die Mitarbeiter vor allem bei anspruchsvollen Aufgaben, die ihnen einige Sachkompetenz abverlangten. Je länger sie im Flow-Zustand blieben, umso beglückender empfanden sie ihre Arbeit. Außerdem waren bei längeren Flow-Zuständen ihre Motivation, Konzentration und Kreativität am höchsten.

Im Vergleich zur Arbeit erreichten die Angestellten in ihrer Freizeit deutlich seltener einen Flow-Zustand. Zuhause fühlten sie sich eher apathisch und gelangweilt. Interessanterweise bevorzugten sie dennoch Freizeitaktivitäten wie etwa Fernsehen, bei denen sie keinen Flow-Zustand erreichen konnten, gegenüber beruflichen Tätigkeiten, bei denen dies der Fall war.

Dieses Ergebnis steht im Kontrast zu früheren Forschungen, wonach wir fehlende Selbstverwirklichung im Beruf in der Freizeit ausgleichen können. Die Testpersonen zeigten die Tendenz, sich zuhause von ihren beruflichen Tätigkeiten zu erholen, auch wenn sie das nicht glücklich machte.

Unsere Arbeit als unangenehme Pflicht und
die Freizeit als Entspannung zu sehen ist für
unser Glücksempfinden nicht förderlich.

Der Flow-Zustand kann in allen Lebensbereichen entstehen. Forscher definieren inzwischen, neben dem genannten Gleichgewicht zwischen Herausforderung und

Sachkompetenz, weitere Voraussetzungen für Flows. Das jeweilige Ziel der Aufgabe muss klar definiert und erreichbar sein. Die Aufgabe muss abschließbar sein. Und wir sollten bemerken können, dass wir der Erledigung näherkommen.

Der französische Anthropologe Roger Caillois unterscheidet vier Arten von Aktivitäten mit besonders hoher Chance auf einen Flow.

Erstens. Tätigkeiten, bei denen der Wettbewerb im Vordergrund steht, wie etwa beim Sport.

Zweitens. Glücksspiele wie Bingo oder Würfelspiele.

Drittens. Tätigkeiten, die das Bewusstsein und die vertraute Wahrnehmung verändern. Wir erleben das zum Beispiel beim Fallschirmspringen oder beim Karussellfahren.

Viertens. Tätigkeiten, bei denen wir neue Realitäten erschaffen, wie in der Literatur und in der Kunst ganz allgemein.

In all diesen Tätigkeiten können wir uns verlieren und uns in sie hineinsteigern. Sie bereiten uns Freude, daher wollen wir sie immer wieder erleben. Die Wiederholung der Tätigkeiten führt wiederum dazu, dass wir kompetenter in ihnen werden.

Was bei uns am ehesten einen Flow verursacht,
können wir nur selbst herausfinden.

Das bewerkstelligen wir mittels Selbstbeobachtung. Wenn wir gerade einen Flow erlebt haben, müssen wir uns das bewusstmachen. Danach müssen wir die Bedingungen klären. Welche Tätigkeit haben wir in welchem Rahmen wie, wo, mit wem und wie lange durchgeführt? Welche Ziele haben wir uns gesetzt? Woran haben wir gemerkt, dass wir uns auf das Ziel zubewegen und die Erledigung näher rückt? Welche Kompetenzen haben wir eingesetzt? Das ist eine der Möglichkeiten, unserer Motivation und unserem Glück auf die Spur zu kommen.

Wenn wir alleine arbeiten, gelingt es uns leichter, den Flow zu erreichen. Bei der Arbeit in Teams ist es etwas schwieriger, weil unterschiedliche Menschen unterschiedlich in den Flow kommen und sich gegenseitig dabei behindern können. Trotzdem kann es auch bei Teams gelingen. Es gibt sechs Taktiken, die zu einem gemeinsamen Flow führen können.

Erstens. Positive, also respektvolle, offene und freundliche Kommunikation miteinander.

Zweitens. Bewusst Herausforderungen annehmen und Risiken eingehen, um gemeinsam an Grenzen zu gelangen.

Drittens. Das Ziel laufend gemeinsam vor Augen haben. (Es ist sinnvoll, es schriftlich festzuhalten.)

Viertens. Mit neuen Ideen und Meinungen die Komfortzonen verlassen.

Fünftens. Allen anderen im Team Aufmerksamkeit zu schenken und sich ganz auf den Moment einzulassen.

Sechstens. Der Beitrag jedes Teammitglieds sollte nicht auf Bestätigung durch andere Teammitglieder abzielen, sondern auf inneren Erfolg, also auf Erfüllung.

Um im Moment zu leben und Flow-Erlebnisse zu haben, sollten wir klären, welche Tätigkeiten uns wirklich Freude bereiten. Außerdem sollten wir bewusst nach Herausforderungen suchen, die unser Potential erweitern. Das gilt gleichermaßen für den Beruf und für die Freizeit. Auch wenn es verlockend ist, einen anstrengenden Tag vor dem Fernseher ausklingen zu lassen, macht es uns glücklicher, wenn wir uns stattdessen kurz überwinden und uns kreativ in Hobbies entfalten. Der dabei entstehende Flow ist die Anstrengung jedenfalls wert.

Das Beispiel von Ferris Bueller im Film »Ferris macht blau« zeigt, dass wir jede Tätigkeit zu einem Abenteuer machen können, wenn wir ihr nur mit der richtigen Einstellung begegnen.

Aus diesem Grund genießt Ferris Bueller bis heute absoluten Kultstatus in den USA.

Am Ende dieses im Film erzählten außergewöhnlichen Tages erkennt endlich auch Ferris' Freund Cameron, wie wichtig es ist, sich auf das Leben und seine Überraschungen, die

in ganz gewöhnlichen Dingen warten können, einzulassen.
Und dass dazu oft auch ein wenig Mut nötig ist. »Ich werde
nicht auf meinem Arsch sitzen, während sich die Ereignisse,
die mich betreffen, einfach um mich herum abspielen und
den Verlauf meines Lebens bestimmen«, sagt er zu Ferris,
während beide den Trümmerhaufen betrachten, der einmal
ein *Ferrari 250 GT California* war. Wie könnte ein Tag besser
ausklingen?

GUTES GENIESSEN, SCHLECHTES ERLEDIGEN

In unserem Leben spielt die Macht der Gewohnheit eine
große Rolle. Gute und schlechte Ereignisse mögen uns hin-
und herwerfen, aber letztlich gewöhnen wir uns an das, was
passiert ist. Wir Menschen sind anpassungsfähig. Der Gewöhnungseffekt ist gut, denn wir gewöhnen uns auch an
die negativen Ereignisse in unserem Leben. Wenn wir eine
Trennung durchmachen, dann geht es uns ein paar Wochen
später wieder besser. Der Gewöhnungseffekt betrifft aber
auch die positiven Ereignisse. Lotto-Gewinner sind wenige
Monate nach ihrem Gewinn wieder ähnlich glücklich oder
unglücklich wie davor.

Die in New York tätigen Marketing-Professoren Leif Nelson und Tom Meyvis haben sich damit beschäftigt, wie wir
der Gewöhnung an das Glück entgegenwirken können. Sie
setzten Testpersonen in Massagesessel. Die eine Gruppe
saß dort durchgehend und ließ sich vom Sessel massieren.
Die andere Gruppe legte eine kurze Pause ein. Das Ergeb-

nis zeigt, dass die kurze Pause gut war. Die Unterbrechung führte dazu, dass die eine Gruppe die Erfahrung mehr genoss als die andere. Die pausierenden Testpersonen waren bereit, mehr Geld zu zahlen, um diese angenehme Erfahrung zu wiederholen.

Die Wissenschaftler beschäftigten sich auch mit unangenehmen Erfahrungen. Die Teilnehmer der Studie bekamen Kopfhörer aufgesetzt, aus denen Staubsauger-Geräusche erklangen. Nun mussten die Teilnehmer Aufgaben am Computer erledigen. Dabei hörte eine Gruppe die Staubsauger-Geräusche durchgehend. Bei der anderen Gruppe waren die Geräusche immer wieder kurz unterbrochen. Wenn es immer wieder kurze Momente der Stille gab, war die Erfahrung negativer. Den Staubsauger durchgehend zu hören, war im Vergleich dazu erträglicher.

Bei angenehmen Erfahrungen sollten wir also lieber Pausen einlegen. Statt den ganzen Kuchen auf einmal zu essen, sollten wir uns zuerst nur ein Stück gönnen, dann nach einer Zeit noch ein Stück und so weiter. Statt einmal im Jahr einen langen Urlaub zu machen, sollten wir mehrere kleinere Reisen planen. Genau umgekehrt ist es bei unvermeidlichen unangenehmen Erfahrungen. Keine Pause. Augen zu und durch, möglichst schnell. Wir sollten das Pflaster mit einem Ruck abziehen, statt uns Millimeter für Millimeter zu quälen.

Warum das so ist, ist leicht erklärt: Wenn wir etwas Schönes erleben und es in die Länge ziehen, auch mittels Pausen, dann schüttet unser Nervensystem das Dopamin, das Hormon des Begehrens, beständig und immer wieder aufs Neue aus. Wenn wir hingegen das Negative in die Länge ziehen, verhindern wir länger die Ausschüttung von Glückshormonen. Bei Unterbrechungen des Unangenehmen entsteht Hoffnung, dass das Unangenehme nun vorbei ist. Umso mehr frustriert es uns, wenn das Unangenehme wieder eintritt.

EMOTIONALE EHRLICHKEIT

Wenn wir glücklich sein wollen, müssen wir so oft wie möglich positive Gefühle erleben und negative Gefühle vermeiden. Viele Studien sind darauf ausgelegt, zu ergründen, wie wir das schaffen können.

Der griechische Universalgelehrte Aristoteles verfolgte allerdings schon vor rund 1.700 Jahren einen anderen Ansatz. Nur weil wir keine unangenehmen Gefühle haben, heißt das nicht, dass wir glücklich sind, meinte er. Es gehe vielmehr darum, die Emotionen zuzulassen, die im jeweiligen Moment stimmig sind. Je besser uns das gelinge, desto glücklicher wären wir.

Wenn wir uns beispielsweise ungerecht behandelt fühlen, können wir demnach auch wütend sein. Was sich in welcher Situation richtig anfühlt, ist für jeden Menschen etwas anderes. Für manche kann sich Wut angesichts von Ungerechtigkeit richtig anfühlen. Für andere kann es eher Traurigkeit sein. Wieder andere sind vielleicht eher angewidert von Ungerechtigkeit.

Was ist dran an dieser These, dass unsere wahren, im Moment stimmigen Gefühle unser Glück bestimmen?

Maya Tamir, eine Psychologin der *Hebräischen Universität* in Jerusalem, fand heraus: Glücklicher sind jene Menschen, die öfter gute Gefühle haben. Doch auch Aristoteles hat recht. Tatsächlich hängt unser Glücksempfinden auch davon ab, ob wir die Gefühle zuzulassen können, die in einer bestimmten Situation stimmig sind. Denn das Schlechteste, was wir tun können, ist, unsere wahren Gefühle zu unterdrücken.

Denn diese Gefühle sind nun einmal je nach Anlass da und wir müssen irgendetwas mit ihnen tun. Andererseits spüren wir den zumeist kulturell bedingten Drang, diese Gefühle nicht zu zeigen, sie also zu unterdrücken. Durch diese Unterdrückung erzeugen wir allerdings langfristig schlechte Gefühle.

Wenn wir hingegen unsere Gefühle zulassen,
selbst wenn es sich um Wut, Angst oder Trauer handelt,
steigert das unser allgemeines Wohlbefinden und somit
auch unsere Chance auf neues Glücksempfinden.

Wenn wir gerade eine schwierige Zeit durchmachen, kann es passen, traurig zu sein. Die Unterdrückung dieser Trauer würde uns noch tiefer ins Unglück stürzen.

Je ehrlicher wir gerade in schlechten Phasen mit
uns selbst und anderen sind, desto besser ist es.

DER SCHEIN TRÜGT

Manchmal haben wir Tage, an denen es uns einfach schlecht-geht. Allen anderen Menschen in unserer Umgebung scheint es besser zu gehen als uns. Das deprimiert uns zusätzlich. Trotzdem flüchten wir nicht in die Einsamkeit. Wir wollen ja raus aus der miesen Stimmung. Also treffen wir Freunde und versuchen, uns von ihrer besseren Stimmung anstecken zu lassen. Wir zeigen nicht, dass wir traurig sind, sondern spielen mit.

Das mag in gewisser Weise unehrlich wirken und Aristoteles' Theorie widersprechen, doch es ist zutiefst menschlich. Funktioniert es auch?

Der klinische Psychologe Alexander Jordan von der *Harvard Medical School* ging diesem Verhalten auf den Grund. Er ging dabei von der Vermutung aus, dass die meisten Menschen es völlig falsch einschätzen, wie es den anderen Menschen in ihrer Umgebung wirklich geht.

Schließlich können wir unsere eigenen Gefühle immer beobachten, diejenigen von anderen Menschen jedoch nur an dem ablesen, was wir zu sehen bekommen. Dafür brauchen wir Begegnungen, und hier beginnen schon die Fehleinschätzungen. Denn es ist erwiesen, dass Menschen in sozialen Settings prinzipiell glücklicher sind als alleine.

Noch dazu unterdrücken Menschen bei Begegnungen negative Gefühle eher und verstärken positive, was ganz besonders für Begegnungen in den Sozialen Medien gilt. Wir beobachten andere Menschen also fast ausschließlich in Situationen, in denen sie von vornherein glücklicher sind und sich zudem noch glücklicher zeigen, als sie es sind. Wenn sie alleine sind, kann es ganz anders aussehen. Rückschlüsse auf ihren emotionalen Allgemeinzustand sind nur begrenzt möglich.

Dreißig Prozent der negativen emotionalen Erfahrungen machen wir allein und weitere vierzig Prozent verbergen wir bewusst vor anderen, so das Ergebnis der Studie. Andere Menschen können also nur die verbleibenden rund dreißig Prozent unserer negativen Gefühle wahrnehmen, und wir nur dreißig Prozent ihrer negativen Gefühle. Kein Wunder, dass es uns schwerfällt, die Gefühle unserer Mitmenschen einzuschätzen.

Dementsprechend überschätzten die Studienteilnehmer durchwegs, wie glücklich ihre Freunde waren. Sie glaubten, dass diese öfters auf Partys gingen und insgesamt bessere Erlebnisse hatten, als es tatsächlich der Fall war. Gleichzeitig unterschätzten sie, wie oft es ihnen schlecht ging, wie oft sie sich einsam und überfordert fühlten und wie oft sie weinten. Auch wenn sich Teilnehmer sehr nahe standen, schätzten sie die Gefühle falsch ein.

Das hat eine unangenehme Nebenwirkung. Je mehr die Studienteilnehmer die negativen Gefühle der anderen unterschätzten, desto einsamer fühlten sie sich selbst und desto mehr dachten sie über ihre persönlichen Probleme nach. Je höher sie die positiven Gefühle der anderen einschätzten, desto unzufriedener waren sie mit ihrem eigenen Leben.

Wenn wir denken, dass es anderen besser
geht als uns selbst, macht uns das unglücklicher.
Wir sollten uns daher bewusst machen, dass die
meisten Menschen genauso oft schlechte Tage
haben wie wir, auch wenn sie das oft nicht zeigen.

Umgekehrt gilt: Auch wenn es unangebracht erscheint, sollten wir es zeigen, wenn wir Sorgen und Probleme haben, und sei es auf humorvolle Weise. Die Studie zeigt, dass es nicht nur uns, sondern auch den anderen Menschen bessergeht, wenn sie wissen, dass auch wir zuweilen unglücklich sind.

Es ist völlig normal, wenn wir uns
manchmal schlecht fühlen. Diesbezüglich
geht es uns allen ziemlich gleich.

GLÜCKSÜBUNGEN FÜR ANFÄNGER

Wir können relativ einfach unser Glücksempfinden verbessern. Wir müssen dafür nur bestimmte Dinge tun. Einige haben wir in diesem Buch bereits genannt. Die Gemeinschaft zu suchen zum Beispiel, oder für andere da zu sein. Möglichst gute Taten zu vollbringen. Über schlechte Erfahrungen zu reden und für gute dankbar zu sein. Freundlich zu sein, im Moment zu leben und die Abwechslung zu suchen. Gutes zu genießen, Schlechtes rasch zu erledigen, auf den Flow zu setzen, aktiv statt passiv zu entspannen und offen und ehrlich mit unseren Gefühlen umzugehen. Und, wie gerade eben gesagt, nicht zu glauben, dass es allen anderen besser geht. Mehr darüber finden Sie auch im Kapitel *Glücks-Strategien.*

Meistens kosten diese kleinen Glücksübungen weder Zeit noch Geld. Sie erfordern nur ein wenig Disziplin, Selbstbeobachtung und Selbstkontrolle. Wohlgemerkt wenig. Wenn wir viel Disziplin brauchen, vertreiben wir das Glück. Der Volksmund sagt nicht umsonst: *Das Glück ist ein Vogerl.*

Das Glück setzt sich selten einfach so auf unsere Schultern. Das Glück ist flatterhaft. Wenn wir es fassen wollen, fliegt es davon. Was können wir tun, um möglichst wenig Disziplin aufwenden zu müssen? Oder anders gefragt: Unter welchen Bedingungen sind diese kleinen Glücksübungen besonders effektiv?

Mit dieser Frage beschäftigten sich die bereits erwähnte Glücksforscherin Sonja Lyubomirsky und ihre Kollegin Kristin Layous. Sie analysierten mehrere Studien, die sich mit den Effekten dieser einfachen Praktiken des Glücks befassten. Daraus extrahierten sie die fünf wichtigsten Erkenntnisse.

Erstens. *Die Dosis macht das Glück.* Manches führt nachweislich zu mehr Glück, je öfter und konsequenter wir es tun. Zum Beispiel wiesen Forscher nach, dass fünf gute Taten pro Tag die eigenen Glücksgefühle viel stärker steigern als eine gute Tat pro Tag. Allerdings zeigen andere Studien, dass wir es auch übertreiben können. Beispielsweise ist die Aufzählung der großen Dinge, für die wir dankbar sind, einmal pro Woche effektiver als dreimal pro Woche.

Zu viel positive Aktivität wirkt negativ.
Stress sollten wir dabei jedenfalls vermeiden.

Was aber ist zu viel oder zu wenig? Gibt es einen Mittelweg? Die Wissenschaftler sagen:

Wir sollten uns nicht an Vorgaben irgendwelcher
Gurus oder Experten halten. Auch die Ergebnisse von
wissenschaftlichen Studien sollten wir nur als Anregung,
aber nicht als feste Regel betrachten. Vielmehr sollen
wir selbst entscheiden, wie oft wir etwas, das
uns glücklicher machen kann, tun wollen.

Wichtig ist, dass sich die Glücksübungen möglichst zwanglos in unseren Zeitplan einbauen lassen. Dann bleiben wir eher konsequent.

Zweitens. *Glücksübungen sind eine Geschmacksfrage.* Wir sollten uns nur Übungen aussuchen, die wir mögen. Was für den einen Menschen gut passt, passt noch lange nicht für einen anderen. Wir können alles ausprobieren und uns für die Übungen entscheiden, die am ehesten wie von selbst funktionieren.

Drittens. *Abwechslung ist auch hier wichtig.* Es empfiehlt sich, immer wieder Neues auszuprobieren, statt nur eine einzige Glücksübung anzuwenden. Die Effekte verschiedener Übungen verstärken einander und es tritt nicht so leicht ein Gewöhnungseffekt ein. Wenn wir immer dieselbe Glücksübung anwenden, werden ihre Effekte irgendwann normal. Dann bringt diese Übung keine zusätzliche Ausschüttung von Glückshormonen mehr.

Viertens. *Soziale Unterstützung verstärkt die Effekte.* Je mehr positives Feedback von Menschen aus unserer Umgebung wir bei unserer Umsetzung der Glücksübungen bekommen, umso wirkungsvoller sind sie. Bloß wie bekommen wir diese Unterstützung? Wir können damit beginnen zu erzählen, dass uns bestimmte Dinge guttun. Wir können uns Menschen in unserer Umgebung suchen, die gleiche oder ähnliche Dinge tun. Auch wenn nicht jede Übung zu jedem Menschen passt, kann ein Erfahrungsaustausch doch für alle hilfreich und anregend sein. Es sollte bloß kein Wettbewerb daraus werden. Denn es macht uns immer eher unglücklich, wenn wir unser Glück mit dem anderer vergleichen.

WIEVIEL KOSTET
DAS GLÜCK?

Wir wissen bereits, dass Menschen, die in der Lotterie gewinnen, drei Monate danach etwa wieder so glücklich oder unglücklich sind wie davor. Macht Geld also wirklich nicht glücklich, wie es so oft heißt? Wer sollte das glauben?

Weihnachten ist für die meisten Menschen die Zeit der duftenden Tannenbäume und leuchtenden Kinderaugen, der Ruhe und Geborgenheit. Für viele ist Weihnachten der Inbegriff der glücklichen Zeit. Nicht jedoch für Ebenezer Scrooge. Der britische Geschäftsmann sieht in Weihnachten bloß einen überflüssigen Tag, an dem er seinen Reichtum nicht vermehren kann.

Wenn sein Angestellter Bob Cratchit im tiefsten Winter den Kohleofen anheizen will, droht er ihm mit Kündigung, denn für so etwas wie Wärme Geld auszugeben kommt gar nicht in Frage. Almosen für die Armen? Für Arme gibt es Gefängnisse und Arbeitshäuser. Als sein Neffe Fred ihm »Frohe Weihnachten« wünscht, hat Scrooge dafür nur ein »Humbug!« übrig.

Doch seine Gier holt ihn ein, als er am Weihnachtsabend in seiner Wohnung alleine vor dem Kamin sitzt. Der Geist seines verstorbenen Geschäftspartners Marley erscheint und berichtet Scrooge, dass seine Sucht nach Reichtum ihn auch nach dem Tod noch an diese Welt kettet und ihn zwingt, als Geist umherzuwandern. Damit Scrooge nicht dasselbe Schicksal erleidet, muss er erkennen, was im Leben wirklich wichtig ist.

Marley verschwindet und Scrooge, der seinen Sinnen nicht so recht trauen will, geht zu Bett. Er fällt in einen tiefen Schlaf. Als es ein Uhr schlägt, wird Scrooge von einer seltsamen Gestalt geweckt. Es ist der Geist der vergangenen Weihnacht, eine Mischung aus Greis und Knabe. Er nimmt Scrooge mit in dessen Vergangenheit und zwingt ihn, sich mit seinen Erinnerungen auseinanderzusetzen.

Scrooge sieht sich als einsamer Knabe, der zu Weihnachten alleine in einem Internat sitzt und Abenteuergeschichten aus »1001 Nacht« und »Robinson Crusoe« liest. Sein Vater, ein strenger und bitterer Mann, hat ihn von Zuhause weggeschickt. Nur zu seiner jüngeren Schwester Fanny empfindet er tiefe Zuneigung. Mittlerweile ist sie verstorben. Doch da ist ihr Sohn Fred. Scrooge hat ihn, seinen Neffen, schon lange nicht mehr besucht. Er hält den jungen Mann, der an Reichtum nicht interessiert ist, für einfältig und faul.

Zuletzt muss er im Traum auch seine verlorene Liebe Elle wiedersehen. Sie hatten sich verlobt, als sie beide noch arm waren, doch nach Scrooges wirtschaftlichem Aufstieg erkannte Elle, dass er eine neue Liebe gefunden hatte: »Ein anderes Götzenbild hat mich verdrängt. Ein goldenes«, sinnierte sie. Sie löste ihre Verlobung auf.

Scrooge hatte von da an niemanden mehr. Ihm blieb bloß sein stetig wachsender Reichtum. Als er jetzt sehen muss, wie Elle Jahre später mit ihrem neuen Mann im Kreis ihrer glücklichen Familie Weihnachten feiert, bricht der alte Scrooge weinend zusammen.

Der Geist der vergangenen Weihnacht bringt ihn daraufhin in seine Wohnung zurück und verschwindet. Doch das Spiel geht weiter. Um zwei Uhr erscheint Scrooge der Geist der gegenwärtigen Weihnacht. Er ist groß und muskulös, er trägt einen Stechpalmenkranz auf dem Kopf und einen Pelzmantel.

Er führt Scrooge in das Haus seines Angestellten Bob Cratchit, für den Scrooge bisher nichts als Verachtung übrighatte. Scrooge sieht, in welch ärmlichen Verhältnissen Cratchit mit seiner Frau und seinen Kindern lebt. Dennoch haben sie den Esstisch feierlich für den Weihnachtsabend geschmückt und sitzen alle beisammen. Scrooge erkennt, dass der jüngste Sohn, Tim, an einer Muskelkrankheit leidet und nicht ohne Krücken gehen kann. Doch die Cratchits verschwenden keinen Gedanken an ihre Armut, sondern freuen sich daran, dass sie als Familie zusammen sind.

Die nächste Station in Scrooges Reise ist das Weihnachtsfest seines Neffen Fred. Er sieht, wie Fred in einer geselligen und fröhlichen Runde sitzt und sich amüsiert. Doch als die Tischrunde auf Scrooge zu sprechen kommt und ihn als gierigen und habsüchtigen Menschen beschreibt, meint sein Neffe: »Sein Reichtum nützt ihm nichts. Er tut nichts Gutes damit. Er macht nicht einmal sich selbst das Leben damit angenehm. Er hat nicht einmal das Vergnügen zu denken, dass er uns am Ende damit eine Freude machen wird. Wer leidet unter seinen bösen Launen? Er selbst allein, sonst niemand.«

Der Geist bringt Scrooge wieder in sein Schlafzimmer zurück. Bevor er ihn verlässt, zeigt er ihm noch zwei abgemagerte, in zerlumpte Kleider gehüllte Kinder. »Es sind Kinder des Menschen«, sagt der Geist der gegenwärtigen Weihnacht. »Sie klagen vor mir ihre Väter an. Dieses Mädchen ist die Unwissenheit. Dieser Knabe ist der Mangel. Auf seiner Stirn sehe ich geschrieben, was Verderben heißt.« Auf Scrooges Frage, ob die beiden keinen Zufluchtsort hätten, antwortet der Geist nur höhnisch: »Gibt es keine Gefängnisse? Gibt es keine Armenhäuser?« Damit lässt er Scrooge alleine zurück. Der erwartet nun seinen letzten Besucher: Den Geist der zukünftigen Weihnacht.

Dieser Geist hat nun eine völlig andere Erscheinung. Er ist in einen langen, schwarzen Mantel gehüllt, sein Gesicht ist nicht zu sehen und er spricht kein Wort. Er zeigt Scrooge Szenen eines Todes: Die Habseligkeiten eines Toten werden von einer Putzfrau an einen Hehler verkauft.

»Hätte er nur freundlicher gelebt«, meint die Frau, die den Toten fand und seine Taschen durchwühlte, »dann wäre er nicht so mutterseelenallein verstorben.«

Der Geist bringt Scrooge zu einem Schuldner, der erleichtert ist über das Ableben seines Gläubigers. »Egal, wer nun meine Schulden erbt«, meint er, »so streng kann er gar nicht sein.«

Scrooge erkennt, wer der Tote ist, der so wenig Mitleid verdient hat: Es ist er selbst. Zuletzt sieht er sich auf dem Totenbett liegen: verlassen und allein, inmitten seines leblosen Reichtums.

Dieses letzte Bild führt zu Scrooges Zusammenbruch. Weinend auf dem Boden kauernd, fragt er den Geist der zukünftigen Weihnacht: »Ist das die Zukunft, so wie sie sein wird – oder so, wie sie sein kann?«

Ebenezer Scrooge, der grantige Geizhals aus Charles Dickens' Novelle »Ein Weihnachtsmärchen« hat nicht ganz unrecht: Um zu überleben, benötigen wir Geld. Um komfortabel zu leben, noch mehr. Aber macht Geld tatsächlich glücklich? Diese Frage ist nicht ganz einfach zu beantworten. Doch Scrooges Geschichte gibt einen Hinweis auf die Antwort.

Beginnen wir am unteren Ende der Einkommensskala: Wenn wir mit einem Schlag unser gesamtes Vermögen verlieren, hat das fundamental negative Auswirkungen auf unser Glücksempfinden. Plötzliches Verarmen erzeugt noch mehr Unglücksgefühle als Scheidungen beziehungsweise Trennungen. Umgekehrt erleben es ärmere Menschen und Geringverdiener definitiv als Glück, wenn sie mehr verdienen.

Für Durchschnittsverdiener gilt: Es macht sie definitiv glücklich, wenn sie Grundbedürfnisse gut befriedigen können. Das lässt sich mit einem Prozentsatz ausdrücken, den der Psychologe Daniel Kahneman und der Ökonom Angus Deaton, der für seine Forschung zur Wohlfahrt den Wirtschaftsnobelpreis erhielt, in einer Studie errechnet haben.

Das Einkommen, das am glücklichsten macht,
liegt etwa 25 Prozent über dem regional
üblichen Durchschnittseinkommen. Das ist
die Grenze, ab der zusätzliches Geld unser
Glücksgefühl nicht weiter steigert.

Für Besserverdiener gilt also: Ein höheres Einkommen beeinflusst weder die Intensität noch die Häufigkeit ihres Glücksempfindens. Ein höheres Einkommen führt nur dazu, dass wir unser Leben als besser im Vergleich zum Leben anderer Menschen bewerten. Diese Bewertung macht Besserverdiener allerdings nicht generell glücklicher.

Eine weitere signifikante Schwelle zeigt sich bei einem Verdienst ab dem Doppelten des regionalen Durchschnittseinkommens. Das können wir der Einfachheit halber als Grenze zwischen Besserverdienern und Reichen ansehen, weil es nach oben hin bezüglich Glück und Einkommen keine weiteren Stufen mehr gibt.

Reiche bewerten ihr Leben im Vergleich zum
Leben anderer Menschen nicht besser.

Intensität und Häufigkeit des Glücksempfindens sind bei Reichen durchschnittlich. Reichtum macht also definitiv nicht glücklicher. Das mag im ersten Moment vielleicht überraschen. Wie kann es sein, dass etwas, das so viele Menschen anstreben, eigentlich gar kein zusätzliches Glück bringt?

Wahrscheinlich liegt es daran, dass die meisten Menschen nur die prachtvolle Fassade des Reichtums sehen. Über seine Nachteile machen sich hingegen die wenigsten Gedanken.

Die Forschung stellt hier klar: Für unser Glücksempfinden spielt nicht nur das Einkommen, sondern vor allem das Verhältnis zwischen Einkommen und Beziehungen, eine Rolle.

Wenn wir mehr Geld hätten, müssten wir theoretisch weniger arbeiten, denken wir gemeinhin. Wir hätten dadurch mehr Zeit für Hobbys, Familie und Freunde, für Beziehungen. Die Realität des Reichtums sieht jedoch anders aus.

So etwa pflegen Menschen mit höherem Einkommen üblicherweise Beziehungen mit Menschen aus derselben Einkommensschicht. Diese Menschen teilen, wie Scrooge, vielfach die Annahme, dass Zeit Geld ist. Zeit für Freunde aufzuwenden ist für sie also gewissermaßen auch ein Kostenfaktor. Schließlich könnten sie in dieser Zeit auch arbeiten. So entsteht ein negativer Kreislauf, der bei vielen wohlhabenden Menschen ein schlechtes Verhältnis zwischen Arbeit und Freizeit herstellt. Wenn die Zeit für die Pflege der zwischenmenschlichen Beziehungen fehlt, dann fehlt Glück.

Größerer Wohlstand und Reichtum erhöhen außerdem den Druck, noch reicher zu werden. Die Glücksforschung hat das bereits hinlänglich belegt. Wenn wir selbst reich sind, sind die anderen Reichen unser sozialer Vergleichsmaßstab. Weniger zu haben, als die anderen Reichen, macht unglücklich.

Noch viel unglücklicher macht es, in größerem Umfang Vermögen zu verlieren, selbst wenn danach noch immer mehr als genug da wäre.

Durchschnittsverdiener unterliegen oft dem Irrglauben, finanzieller Überfluss würde mehr Zeit für andere Dinge als Arbeit bringen. Genau das Gegenteil ist der Fall. Reiche können sich zwar Luxus leisten, haben allerdings weniger Zeit für die kleinen Freuden des Lebens. Auch deshalb, weil Reichtum die kleinen Freuden des Lebens entwertet.

Die Glücksforschung zeigt uns also, warum in unserer kapitalistischen Gesellschaft alle Einkommensschichten nach mehr Geld streben. Die Armen macht es glücklicher, die Durchschnittsverdiener machte es bis zu einem gewissen Grad glücklicher und alle darüber glauben zumindest, dass es sie glücklicher macht, oder sie sind von sozialen Zwängen, noch reicher zu werden, geleitet.

Die Wahrheit ist, dass finanzieller Überfluss sogar zur Unglücksfalle werden kann.

So wie in der Geschichte von Ebenezer Scrooge. Er muss am eigenen Leib erfahren, was ihm sein alter Partner Marley als Geist sagt: »Der Mensch wäre mein Geschäft gewesen! Das allgemeine Wohl wäre mein Geschäft gewesen! Barmherzigkeit, Versöhnlichkeit und Liebe, alles das wäre mein Geschäft gewesen! Alles, was ich in meinem Gewerbe tat, war nur ein kleiner Tropfen Wasser im weiten Ozean meines Geschäfts!«

Doch Scrooges Weihnachtsgeschichte geht gut aus. Er erhält eine zweite Chance, als er am Morgen nach Weihnachten erwacht. Von da an ist er wie ausgewechselt.

Nicht nur lehrt uns Charles Dickens' Geschichte, dass Geld allein nicht glücklich macht. Sie lehrt uns auch, dass es darauf ankommt, was wir mit unserem Geld tun. Die Vermehrung unseres Vermögens als Selbstzweck lässt uns innerlich im selben Maße vereinsamen, wie sich unser Konto füllt. Doch nutzen wir es, um der Gemeinschaft zu helfen, hat es erstaunliche Wirkung auf unser Glücksempfinden, was sich ebenfalls anhand von Studien zeigen lässt.

SCHENKEN

Treat yourself – Beschenke dich selbst! Dieses Motto ist besonders in den Sozialen Medien weit verbreitet. Wer sich selbst etwas gönnt, postet das auch gerne auf *Instagram* mit dem passenden Hashtag. Ist das ein geeignetes Mittel, um glücklicher zu werden?

Die Sozialpsychologin Elizabeth Dunn und ihre Kollegen haben den Unterschied zwischen Schenken und Selbstbeschenken untersucht. Sie wollten wissen, wie sich das Ausgeben von Geld auf unser Wohlbefinden auswirkt. Sind am Ende des Tages Menschen glücklicher, die Geld für sich selbst ausgeben, oder doch jene, die Geld für andere ausgeben?

Dunns Studie nahm für die Teilnehmer einen ganzen Tag in Anspruch. In der Früh mussten sie einen Fragebogen über ihr Wohlbefinden ausfüllen. Anschließend überreichten die Forscher ihnen einen Umschlag, in dem sich entweder fünf oder zwanzig Dollar befanden. Eine Testgruppe bekam die Aufgabe, das Geld im Laufe des Tages für sich selbst auszugeben, also eine bereits fällige Rechnung zu bezahlen oder sich selbst etwas zu kaufen. Die zweite Testgruppe musste das Geld für jemand anderen ausgeben oder an eine Organisation spenden.

Am Abend riefen die Forscher die Teilnehmer an und befragten sie noch einmal detailliert zu ihrem Wohlbefinden. Das Ergebnis war in seiner Klarheit dann doch überraschend. Diejenigen, die das Geld für andere Menschen ausgaben, waren deutlich glücklicher. Wie viel Geld es gewesen war, ob fünf oder zwanzig Dollar, hatte keinen Einfluss auf das Wohlbefinden. Laut der Studie tun wir das eher selten, doch es steht fest:

Geld für andere auszugeben macht
erwiesenermaßen glücklicher, als Geld
für sich selbst auszugeben.

Die Studienteilnehmer schien das selbst zu überraschen. Die Wissenschaftler gaben ihnen im Anschluss folgende vier Optionen:

Erstens. Fünf Dollar für sich selbst ausgeben

Zweitens. Fünf Dollar für jemand anderen ausgeben

Drittens. Zwanzig Dollar für sich selbst ausgeben

Viertens. Zwanzig Dollar für jemand anderen ausgeben

Die Teilnehmer mussten angeben, welche Option sie ihrer Ansicht nach am glücklichsten machen würde. Die große Mehrheit glaubte, dass es sie am glücklichsten machen würde, wenn sie zwanzig Dollar für sich selbst ausgeben könnten. Sie glaubten, dass zwanzig Dollar sie glücklicher machen würden als fünf Dollar. Dieses Ergebnis zeigt, dass wir es völlig unterschätzen, welche Vorteile das Schenken und soziale Ausgaben bringen können.

WARUM UNS SCHENKEN GLÜCKLICH MACHT

Elizabeth Dunn und ihr Team führten noch eine weitere Studie durch. Die Wissenschaftler wollten mehr über die Gründe erfahren, warum uns Schenken glücklich macht. Ihre Annahme war: Schenken macht uns glücklich, weil es soziale Bindungen stärkt.

Dieses Mal bekamen die Teilnehmer eine Geschenkkarte der Kaffeehauskette Starbucks. Bis zum Ende des Tages mussten sie diese Geschenkkarte verwenden. Die Teilnehmer wurden auch bei dieser Versuchsstudie in zwei Gruppen eingeteilt. Im Gegensatz zur ersten Studie, mussten diesmal jedoch beide Gruppen das Geld für jemand anderen ausgeben.

Gruppe eins musste jedoch den sozialen Kontakt minimieren, Gruppe zwei musste ihn maximieren. Die erste Gruppe musste also darauf achten, mit der Person, für die sie das Geld ausgaben, so wenig wie möglich zu interagieren. Die Teilnehmer der zweiten Gruppe tranken im besten Fall mit ihrer auserwählten Person gemeinsam Kaffee und hatten dabei ein gutes Gespräch.

Wieder riefen die Forscher die Teilnehmer am Abend danach an und erfassten ihr Wohlbefinden. Die Teilnehmer, die durch ihr Geschenk eine soziale Bindung aufgebaut hatten, waren glücklicher.

Geschenke an andere machen uns
noch glücklicher, wenn sie mit sozialen
Kontakten und Bindungen einhergehen.

Manche von uns werden in dieser Hinsicht vielleicht von Pessimismus beeinflusst. Sie haben die Befürchtung, dass sie selbst geben, aber eventuell nichts zurückbekommen. Doch auch Nicht-Buddhisten ist das Prinzip des Karmas bekannt. Es besagt, dass alles Gute, das wir tun, zu uns zurückkommt, oft auf Umwegen. Aber können wir uns auf unser gutes Karma verlassen?

Eine Studie der amerikanischen Soziologen James Fowler von der *University of California* und Nicholas Christakis von der *Harvard Medical School* gibt dazu Hinweise. Die beiden untersuchten die Verbreitung von Selbstlosigkeit und Egoismus in sozialen Netzwerken. Dazu luden sie die Teilnehmer ein, ein Öffentliches-Gut-Spiel zu spielen. Es handelt sich dabei um ein experimentelles Spiel, das oft zu Forschungszwecken eingesetzt wird.

Die Teilnehmer wurden dabei in Vierergruppen eingeteilt und erhielten jeweils zwanzig Euro. Dann mussten sie entscheiden, wie viel Geld sie zu einem Gruppenprojekt beisteuern wollen. Jeder ausgegebene Euro von einer einzelnen Person resultierte in einem Gewinn von vierzig Cent für jedes Gruppenmitglied.

Durch diesen Spielaufbau lassen sich Selbstlosigkeit und Egoismus gut analysieren. Denn jeder ausgegebene Euro ist zwar kostspielig für das einzelne Gruppenmitglied, aber förderlich für die Gesamtgruppe. Wenn alle egoistisch sind und ihr Geld behalten, verlassen alle Teilnehmer das Spiel mit zwanzig Euro. Wenn hingegen alle ihr ganzes Geld beisteuern, dann steigen alle Teilnehmer mit 32 Euro aus. Wenn wir selbst unser Geld behalten, alle anderen hingegen ihr ganzes

Geld ausgeben, steigen wir selbst am besten aus, die anderen Mitspieler verlieren und insgesamt ist das Ergebnis für die Gruppe ebenfalls negativ.

Dieses Spiel spielten die Teilnehmer in der genannten Studie mehrere Runden lang. Die Wissenschaftler analysierten, wie sich das Spielverhalten der jeweils anderen Mitspieler von Spiel zu Spiel auswirkt. Wenn andere Spieler selbstlos sind und viel Geld ausgeben, dann geben in der nächsten Runde auch die anderen mehr Geld für die Gruppe aus. Aber auch umgekehrt. In einer Gruppe mit vielen Egoisten verhalten sich auch alle anderen egoistischer. Ein komplexer weiterer Studienaufbau ergab: Wenn wir selbst selbstlos sind und andere beschenken, wirkt sich das nicht nur auf unsere Freunde aus, sondern auch auf Freunde von Freunden.

Dazu eine wahre Geschichte. Stellen Sie sich bitte Folgendes vor: An einem Samstagmorgen im Dezember sitzen Sie in einem Kaffeehaus und nehmen ein reichhaltiges Frühstück zu sich. Was Sie verzehren, ob Tee, Kakao oder Kaffee, ob Müsli oder ein Omelett mit Schinken, tut nichts zur Sache. Jedenfalls genießen Sie das Mahl und planen dabei Ihr Wochenende.

Als Sie schließlich alles verzehrt haben, winken Sie der Kellnerin. Sie möchten zahlen. Was dann kommt, haben Sie nicht erwartet. Die Kellnerin sagt Ihnen, dass Ihr Frühstück bereits bezahlt ist. Ein Pärchen, das schon gegangen ist, hat für Sie bezahlt.

Das Pärchen hatte sich nur eine Sache ausbedungen: Die Kellnerin durfte Ihnen erst von der bezahlten Rechnung erzählen, wenn das Pärchen weg war. Die Kellnerin wünscht Ihnen noch einen schönen Tag und lässt Sie erstaunt sitzen. Von dem Pärchen ist weit und breit keine Spur mehr. Die Rechnung war bestimmt nicht hoch, aber dennoch ...

Und nun spüren Sie es, nicht wahr? Sie spüren denselben Impuls, den die Menschen in der wahren Geschichte gespürt haben. Sie schauen sich im Kaffeehaus um, wählen eine Person aus und winken der Kellnerin. Sie bezahlen für diese Person. Nach demselben Schema. Die Kellnerin darf es der Person erst verraten, wenn Sie das Lokal verlassen haben.

Diese wahre Geschichte stammt aus Philadelphia in den USA. Sie ereignete sich an einem Samstag vor Weihnachten im Dezember 2009. Ausgelöst hat die positive Kettenreaktion ein unbekanntes Pärchen.

Die Angestellten des Lokals konnten es selbst kaum glauben. Einer der Kellnerinnen kamen die Tränen, als sie den Medien davon erzählte: Ganze fünf Stunden lang gaben die Gäste nach der Reihe das Geschenk, das sie erhalten hatten, an andere Gäste weiter. Die Rechnungen beliefen sich auf Summen zwischen zwölf und dreißig Dollar.

Aber auf den Preis achtete niemand von den Beteiligten. Alle blieben anonym. Niemand wollte eine Gegenleistung. Die Geschichte war so außergewöhnlich, dass sogar der nationale Nachrichtensender *NBC News* darüber berichtete.

Wenn wir vor der Wahl stehen, Geld für andere oder für uns selbst auszugeben, sollten wir die anderen wählen. Das macht uns glücklicher. Es kommt dabei nicht darauf an, wie viel Geld wir ausgeben. Für einen positiven Effekt reicht schon eine Geste mit einem kleinen Betrag. Das spricht dafür, Bettlern auf der Straße eine kleine Spende zu geben. Die positiven Auswirkungen des Schenkens lassen sich steigern, indem wir soziale Bindungen damit verstärken.

Monatliche automatische Spendenabbuchungen von unserem Konto machen uns zwar auch glücklich. Glücklicher werden wir allerdings, wenn wir uns rund um unsere Spende auch mit den Menschen, denen wir sie geben, auseinandersetzen.

*Keinesfalls aber sollten wir auf unser »gutes Karma«
nur deshalb achten, weil wir davon über Umwege profitieren
wollen. Denn damit machen wir aus unseren Zuwendungen
ein Geschäft und ersetzen die guten Gefühle durch kühle
Kalkulation. Es empfiehlt sich daher, ein gutes Karma
zu pflegen, ohne etwas dafür zu erwarten.*

FINANZIELLE SICHERHEIT

Mingzhi Hu und seine Kollegen vom *College of Economics* an der *Jinan Universität* in China befassten sich mit dem Zusammenhang zwischen Glück und Eigenheim-Besitz. Dazu verwendeten sie Daten aus dem *Chinese General Social Survey*. Seit 2003 bekommt jeder Haushalt in China alle zwei Jahre einen Fragebogen. Aus den Antworten schließen Forscher auf die Veränderung der Gesellschaft und der Lebensqualität in städtischen und ländlichen Regionen Chinas.

Menschen, die ein Haus oder eine Wohnung ihr Eigen nennen können, sind glücklicher, war ein Ergebnis dieser

Massenbefragung. Soweit ist das noch wenig überraschend. Immerhin steht ein Eigenheim für finanzielle Sicherheit und wesentlich geringere monatliche Lebenskosten.

Etwas überraschender ist schon der Umstand, dass es glücklicher macht, ein Eigenheim gemeinsam mit einem Partner zu besitzen, als alleiniger Eigentümer zu sein. Finanzielle plus soziale und emotionale Absicherung machen also das Leben noch schöner.

Wirklich erstaunlich waren die Umfrageergebnisse bei Paaren, bei denen nur eine Person das Eigentum besitzt. Diejenigen, deren Partner ein Eigenheim besitzt, sind glücklicher als diejenigen, die es selbst besitzen, während ihr Partner keines besitzt. Es macht also glücklicher, selbst kein Eigenheim zu besitzen, aber einen Partner zu haben, der finanzielle Sicherheit in Form eines Eigenheimes bietet. Es macht weniger glücklich, einen Partner zu haben, der keine solche Sicherheit bieten kann, obwohl man selbst ein Eigenheim besitzt und somit ohnedies abgesichert ist.

Dieses Ergebnis ist wegen der bereits genannten kulturellen Unterschiede beim Glücksempfinden bestimmt nur mit Abstrichen auf europäische Verhältnisse übertragbar, etwa weil europäische und chinesische Trennungs- und Scheidungsraten nicht vergleichbar sind. Dennoch erinnert dieses Ergebnis daran, dass es bei Partnerschaften nach wie vor auch um »in guten wie in schlechten Zeiten« geht, also auch um finanzielle Absicherung im Ernstfall.

URLAUB

Die meisten Europäer geben einen guten Teil des Geldes, das ihnen nach Abzug aller Lebenshaltungskosten bleibt, für Urlaub aus. Reisen bedeutet zwar auch Stress, aber unser Nervensystem schüttet dabei Glückshormone aus. Das gilt für Urlaube in der Natur ebenso wie für Städtereisen. Es ist aufregend, neue Städte zu erkunden. Hinter jeder Ecke könnten wir eine noch schönere Gasse entdecken. So durchqueren wir das Unbekannte, bis wir nicht mehr wissen, wo wir sind. Aber wir sind glücklich, auch wenn wir vielleicht unsere Füße nicht mehr spüren.

Der Psychologe Aaron Heller beschäftigte sich mit der Wirkung neu entdeckter Orte auf uns. Für seine Studie zeichnete er vier Monate lang die GPS-Daten der Teilnehmer auf. Parallel dazu beantworteten die Teilnehmer via Handy regelmäßig Fragen zu ihrem Wohlbefinden. Nach Ablauf der vier Monate glichen die Forscher die GPS-Daten mit den Daten über das Wohlbefinden ab. Es zeigte sich: Je mehr verschiedene Orte die Teilnehmer aufsuchten, desto glücklicher waren sie.

Neue Orte zu besuchen, macht uns
erwiesenermaßen glücklicher. Wer immer in
den gleichen Bahnen bleibt, ist unglücklicher.

Es ist hier wichtig zu erwähnen, dass die Teilnehmer ihre Heimatstadt während der gesamten Studiendauer nie verließen. Wir müssen also nicht einmal verreisen, um glücklicher zu sein. Es reicht schon, wenn wir den Ort, an dem wir wohnen, immer wieder von neuem erkunden. Städter können sich in einen Bus oder eine Straßenbahn setzen und sich davon überraschen lassen, wohin sie gelangen. Landbewohner können einfach kleine Umwege nehmen und sehen, wo sie landen.

Wir alle kennen besondere Orte, die uns glücklich machen. Oft tun sie das, weil wir schon dort waren und schöne Erinnerungen mit ihnen verbinden. Es gibt aber auch Orte, an denen wir zuvor noch nicht waren, und an denen wir uns beim Eintreffen sofort wohlfühlen. Manchmal versuchen wir, einen Teil dieses Gefühls als Souvenir, als Hintergrundbild für unseren Computer oder einfach als Foto in unserer Sammlung mit in unseren Alltag zu nehmen. Wir sammeln Ausblicke von Hochhäusern und Berggipfeln, einsame Palmenstrände, umtoste Klippen und Sonnenuntergängen am Meer.

Das alles funktioniert tatsächlich. Schon das Blättern in schönen Reisekatalogen kann nachweislich zu Dopaminausschüttungen führen. Youtube-Kanäle mit Walking-Videos erfreuen sich aus diesem Grund wachsender Beliebtheit. Wir können quasi auf der Schulter eines anderen Menschen durch andere Städte und Orte spazieren und diese entdecken. Das hilft gegen Fernweh. Kein Wunder, dass die Beliebtheit dieser Videos besonders während der Corona-Lockdowns gestiegen ist.

GELD GLÜCKSFÖRDERND AUSGEBEN

Nehmen wir an, unsere finanzielle Sicherheit ist halbwegs gewährleistet, die Lebenshaltungskosten sind gedeckt, das Geld für den nächsten Urlaub ist zurückgelegt und den Bedürftigeren haben wir auch einen Teil gespendet. Falls uns dann noch Geld bleibt, mit dem wir uns etwas gönnen wollen, wofür sollten wir es ausgeben? Ryan Howell und Graham Hill von der *San Francisco State University* haben dazu geforscht.

Glücklicher sind jene Menschen,
die ihr Geld nicht für materielle Dinge,
sondern für Erfahrungen ausgeben.

Die Wissenschaftler wollten auch in Erfahrung bringen, warum das so ist. Sie fanden heraus, dass wir Besitz eher mit dem Besitz anderer vergleichen, was uns die Freude daran verdirbt. Mit Erfahrungen tun wir das weniger.

Wenn wir uns ein neues Auto kaufen, sind wir vielleicht eine Weile glücklich. Aber nur bis zum ersten Kratzer oder so lange, bis sich jemand in unserer sozialen Bezugsgruppe ein noch besseres Auto kauft. Erlebnisse hingegen verlieren auch nach längerer Zeit kaum an Wert, weil sie nur subjektiv zu bewerten und kaum zu vergleichen sind. Sie machen uns daher auch langfristig glücklicher.

Außerdem teilen wir Erfahrungen meistens mit anderen Menschen, zum Beispiel wenn wir verreisen oder ein Restaurant oder ein Konzert besuchen. Das stärkt nebenbei unsere sozialen Beziehungen und macht uns somit auch auf dieser Ebene glücklicher. Wir sollten uns also gut überlegen, was wir an materiellen Dingen wirklich brauchen und unser Geld lieber in Erfahrungen investieren. Wenn wir schon Geld für Gegenstände ausgeben, dann vorzugsweise für solche, die Erlebnisse ermöglichen. Von neuen Geschmackserlebnissen durch neue Gewürze bis zu neuen Körpererlebnissen durch neue Sportgeräte ist hier einiges möglich.

Wer kein Geld übrig hat, für den hat die Glücksforschung auch einen Tipp. Allein das Betrachten von schönen Auslagen führt zu Dopaminausschüttung. Window-Shopping macht tatsächlich glücklich und in Zeiten wachsender Spargesinnung entwickelt es sich sogar zu einem echten Trend. Das gilt sowohl für analoge als auch für Online-»Windows«.

Window-Shopping erfordert allerdings die richtige Einstellung. Wir müssen es gleichsam als eigene Sportart betrachten, wie es laut Soziologen und Handelsexperten auch immer mehr Menschen tun. Sie treffen einander genau dazu, gemeinsam durch die Kaufhäuser und Einkaufsstraßen zu ziehen, zu schauen, allenfalls auch einige Kleidungsstücke anzuprobieren, aber nichts zu kaufen. Am Ende sind auch sie glücklich.

Wenn sie es zu einem richtigen Abenteuer machen, sind sie womöglich sogar glücklicher als andere, die sich nach einem harten Arbeitstag mit einem schnellen Impulskauf belohnen. Würden sie hingegen die ganze Zeit bejammern, dass sie all diese Dinge gerne tatsächlich kaufen würden und es leider nicht können, wäre der ganze Effekt weg. Er könnte sich sogar in sein Gegenteil wandeln. Window-Shopping wäre dann Selbst-Geißelung.

Auch der Handel hat inzwischen diesen Trend erkannt und stellt den Window-Shoppern Fallen durch besonders günstige Sonderangebote. Umso mehr erfordert dieser neue Sport eine klare Entscheidung. Brauche ich etwas Bestimmtes oder gönne ich mir einfach nur eine Tour durch meine Lieblingsgeschäfte?

ARBEITSLOSIGKEIT

Bei der Betrachtung der wirtschaftlichen Aspekte des Glücks darf eine Auseinandersetzung mit dem Thema Arbeitslosigkeit nicht fehlen. Die Corona-Krise hat verheerende Auswirkungen auf den Arbeitsmarkt. Die Arbeitslosenquote wird bis mindestens 2024 erhöht bleiben. Arbeitslosigkeit wirkt sich auch dann schlecht auf die Psyche aus, wenn sie externen Faktoren, wie einer Pandemie oder einer Wirtschaftskrise, geschuldet ist und somit nicht als persönlicher Misserfolg zu werten ist.

Andrew Clark vom *Deutschen Institut für Wirtschaftsforschung* in Berlin hat mit Kollegen untersucht, inwiefern die negativen Auswirkungen nicht nur mit Einkommensminderung und schlechteren Perspektiven, sondern auch mit Stigmatisierung zu tun haben. Für ihre Studie sammelten die Forscher zunächst allgemeine Informationen über Wohlbefinden, Zufriedenheit und Beschäftigungsstatus der Teilnehmer aus den Jahren 1984 bis 2006. Um den Effekt von sozialen Normen zu messen, verglichen sie diese Daten mit regionalen Arbeitslosenquoten.

Beschäftigte sind demnach erwartungsgemäß generell zufriedener mit ihrem Leben als Arbeitslose.

Dabei war das Wohlbefinden der Arbeitslosen aber umso höher, je höher die Arbeitslosenrate in der Region war.

Nach einzelnen Haushalten statt nach Regionen betrachtet, war das Ergebnis das gleiche. Menschen sind glücklicher, wenn sie nicht die einzigen Arbeitslosen im Haushalt sind. Die soziale Norm stuft Arbeitslosigkeit zwar in allen Regionen und Haushalten als etwas Negatives ein, aber je mehr Menschen dasselbe Problem haben, desto besser erträglich scheint es zu sein.

Insofern dürfte die Massenarbeitslosigkeit im Zuge der Corona-Pandemie die negativen psychischen Auswirkungen etwas bremsen und wer damit zu kämpfen hat, kann sich vor Augen halten, wie vielen anderen es auch nicht besser geht.

Die Pandemie und ihre wirtschaftlichen Konsequenzen drücken dennoch auf das allgemeine Glücksniveau. Denn auch auf arbeitende Menschen hat eine hohe Arbeitslosigkeit in ihrem Umfeld negative Auswirkungen. Beschäftigte sind umso unglücklicher, je privilegierter sie als Inhaber eines der wenigen Jobs sind. Das belegte eine Studie des Wirtschaftswissenschaftlers Andrew Clark von der *Wirtschaftsuniversität Paris* und des britischen Ökonomen Andrew Oswald vom *Institute of Labor Economics*.

Der Zusammenhang zwischen Arbeit haben,
beziehungsweise arbeitslos zu sein, und Glück
zeigt, wie soziale Normen unser Wohlbefinden
beeinflussen und wie sehr unser Glück von
unserer Einbettung in unser soziales Umfeld

*abhängt. Ein stigmatisierter Außenseiter zu
sein, ertragen wir schwer. Viel angenehmer ist
es, ein Mitglied einer größeren stigmatisierten Gruppe zu sein. Als ebenso unangenehm
empfinden wir es, privilegiert einer großen
stigmatisierten Gruppe gegenüberzustehen.*

Gerade in Zeiten ökonomischer Unsicherheit brauchen wir
Strategien, um mit Arbeitslosigkeit umzugehen. In ihrer Stu-
die beschäftigten sich die Psychologen Nancey Hoare und
Anthony Machin von der *University of Southern Queensland* in
Australien mit der Frage: Wie können wir unser Glücksemp-
finden trotz Arbeitslosigkeit auf einem guten Niveau halten?
Hoare und Machin befragten dazu 371 Arbeitslose zwischen
16 und 65 Jahren über einen Zeitraum von sechs Monaten.

Einen Job zu haben, hat direkte Vorteile, wie zum Beispiel
ein geregeltes Einkommen. Es hat aber auch indirekte Vorteile. Die Arbeit gibt uns Status, Identität, soziale Kontakte und
einen geregelten Tagesablauf. Außerdem verfolgen wir in der
Arbeit verbunden mit anderen gemeinsame Ziele, was uns zu
Aktivität nötigt.

Die Forscher fragten nach dem Stellenwert dieser direkten und indirekten Vorteile für das Wohlbefinden der Teilnehmer. Neben den allgemeinen Fragen zu Wohlbefinden,
Selbstwertgefühl und Stimmung fragten sie außerdem, wie
zufrieden die Teilnehmer mit ihrem Beschäftigungsstatus
waren, wie besorgt und betrübt sie im Allgemeinen waren
und wie sehr sie es schätzen würden, wieder einer bezahlten
Arbeit nachzugehen.

Besonders der Mangel an indirekten Vorteilen, die ein Arbeitsalltag mit sich bringt, belastete die Studienteilnehmer. Arbeitslose, die dennoch einen geregelten Tagesablauf hatten, waren am zufriedensten. Auch soziale Kontakte und gemeinschaftliche Ziele spielten eine große Rolle. Besonders negative Auswirkungen der Arbeitslosigkeit waren Pessimismus und finanzielle Sorgen. Umso größer die negativen Auswirkungen, umso größer der Wunsch, wieder einen bezahlten Job zu haben. Demgegenüber konnte die Arbeitslosigkeit Menschen mit hohem Selbstwertgefühl und positiver Einstellung weniger anhaben. Sie waren weniger besorgt bezüglich ihrer Zukunft.

Damaris Rose und Olga Stavrova, Wirtschaftspsychologinnen an der *Universität München*, beziehungsweise der niederländischen *Tilburg Universität*, beschäftigten sich damit, wie die eigene Zufriedenheit die Chance auf eine Rückkehr ins Berufsleben beeinflusst. Dazu analysierten sie Informationen über mehr als 5.000 deutsche Arbeitslose während eines Zeitraums von zehn Jahren.

Als Ergebnis lag nahe, dass zufriedene Menschen selbstbewusster sind und daher leichter wieder einen Job finden. Doch dem ist nicht so. Laut der Studie finden wir am ehesten wieder einen Job, wenn wir mittelmäßig glücklich sind. Wenn wir hingegen besonders unzufrieden oder besonders zufrieden sind, ist die Chance geringer.

Warum ist das so? Wenn wir allzu glücklich sind, fehlt uns die Motivation, etwas an unserer Lage zu ändern, meinen die Wissenschaftler. Im Gegensatz dazu steigt, wenn wir unglücklich mit unserer Situation sind, unsere Motivation, etwas zu verändern. Wenn wir allerdings allzu unglücklich sind, sinkt unsere Leistungsfähigkeit.

Nur im Bereich der mittelmäßigen Zufriedenheit sind wir motiviert genug und haben zugleich die nötige Leistungsfähigkeit, um unsere Lebensumstände zum Guten zu verändern. Ein kleiner Knick in unserer Zufriedenheit ist somit die beste Ausgangssituation, um wieder einen Job zu finden.

Aus welchem Grund auch immer wir in der Arbeitslosigkeit landen: Unser Wohlbefinden trotz Arbeitslosigkeit und unsere Chance auf eine Rückkehr ins Berufsleben hängt auch von unserer Einstellung dazu ab. Idealerweise sind wir unzufrieden aber optimistisch.

Bloß wie zu so einer Einstellung finden und nicht in eine depressive, lethargische Stimmung abrutschen? Zunächst müssen wir dazu die eigenen Kompetenzen und Chancen auf dem Arbeitsmarkt je nach Branche sowie die Hindernisse auf dem Weg zu einem neuen Job nüchtern einschätzen. Von allzu großem Optimismus und einem beschönigenden Selbstbild ist dringend abzuraten. Zu groß ist gerade in Krisenzeiten die Gefahr der Enttäuschung.

Aus der möglichst realistischen Einschätzung der Situation ergibt sich, ob es sinnvoll ist, die Jobsuche auf das bisherige Berufsbild zu beschränken. Es macht uns jedenfalls unglücklicher, mit anderen Menschen um wenige Jobs zu konkurrieren. Sich konsequent in neue Richtungen mit mehr Chancen weiterzubilden, ist dann wahrscheinlich die bessere Option.

Wir können die Jobsuche systematisch angehen, mit To-Do-Listen, die wir erstellen und dann abarbeiten, und mit eigenen Zeitfenstern für die Suche nach dem, was wir wirklich wollen und worin wir dementsprechend auch richtig gut wären. Das ist gerade im Zuge der Corona-Krise und ihren Folgen wichtig. Denn je länger die Krise andauert, desto eher funktioniert nur noch, was wirklich passt und authentisch ist, wie der Privatbanker Willibald Katzenschlager in seinem Buch »Kommt der Corona-Crash? – Was Sie jetzt über Ihren Job und Ihr Geld wissen sollten« schreibt. Das bezieht sich auch auf die Berufswahl.

Zeiten mit höherer Arbeitslosigkeit in einer Branche oder einer ganzen Region sind daher immer auch eine Chance, etwas Neues zu entwickeln, das andere Menschen brauchen könnten. Aus diesem Bedarf und unserer persönlichen Weiterentwicklung kann positives Feedback aus unserem sozialen Umfeld resultieren. Damit können wir uns auch bei längerer Arbeitslosigkeit ein hohes Selbstwertgefühl und eine positive Einstellung zur Zukunft bewahren.

SELBSTFÜRSORGE

In der Jugend gehen wir noch relativ selbstverständlich davon aus, dass wir grundsätzlich gesund und fit sind. Diverse Ursachen für Leistungseinbrüche und Unwohlsein gehen normalerweise schnell vorüber. Je älter wir werden, desto mehr schwindet diese Selbstverständlichkeit. Wir müssen lernen, auf uns selbst zu achten, uns körperlich, geistig und seelisch gesund und fit zu halten. Durch solche Selbstfürsorge verhindern wir gröberes und längeres Unwohlsein. In welchem Zusammenhang stehen Selbstfürsorge und Glück? Wieviel können wir durch Selbstfürsorge zu unserem Glück beitragen? Die Forschung hat Antworten darauf.

Wer kennt sie nicht, die Neujahresvorsätze, die so schnell verklingen wie die Feuerwerke, von denen sie begleitet werden. Aufhören zu rauchen, weniger trinken, endlich eine gesunde Beziehung führen und im Job aufsteigen. Vor allem aber mehr Sport treiben, abnehmen und endlich glücklich mit sich und dem eigenen Körper werden. Magazine und Zeitschriften zeigen uns, wie ein gesunder Körper auszusehen hat. Wer diesem Bild nicht entspricht, der kann doch gar nicht glücklich sein.

So geht es Bridget Jones. Die 32-Jährige lebt in London, ist Single und passionierte Tagebuchschreiberin. Nachdem sie mit anhören muss, wie der kultivierte, aber hochnäsige Anwalt Mark Darcy auf einer Party davon spricht, wie sie »raucht wie ein Ofen, trinkt wie ein Fisch und sich kleidet wie ihre Mutter«, beschließt sie, diesmal Ernst zu machen. Das neue Jahr soll eine ganz neue Bridget Jones kennenlernen.

Zunächst scheint auch alles nach Plan zu laufen. Unverhofft macht Bridget ihr attraktiver Boss Daniel Cleaver schöne Augen. Bereits nach kurzer Zeit finden sich die beiden auf einem romantischen Wochenendtrip wieder.

Doch das Glück ist nur von kurzer Dauer: Bridget überrascht Daniel mit einer Kollegin. Daraufhin beendet sie nicht nur die Beziehung, sie kündigt auch ihren Job. Auf die Bitte Daniels, doch wenigstens den Job zu behalten, meint Bridget, lieber »würde sie Saddam Hussein den Arsch auswischen«.

Bridget legt einen starken Abgang hin, aber was kommt als Nächstes? Vor diesem Jahr hatte sie keinen Freund, jetzt hat sie weder Freund noch Job. Auf einer Dinnerparty trifft sie Mark Darcy wieder, der sich bei ihr entschuldigt und ihr zu verstehen gibt, dass er sie genau so mag, wie sie ist.

Bridget erkennt, dass sie sich selbst gut findet, so wie sie ist. Und dass sie mit jemandem zusammen sein möchte, der sich nicht an ihren Flüchen stört, oder an ihren Essgewohnheiten, oder an ihren vielen kleinen Peinlichkeiten. Mit jemandem wie Mark.

Doch es ist zu spät. Mark ist bereits nach New York geflogen, um dort ein Jobangebot anzunehmen. Wird dieses Jahr für Bridget ähnlich erfolglos verlaufen wie die vergangenen?

Das Tagebuch der Bridget Jones, das zunächst wöchentlich als Kolumne in der Zeitschrift *Independent* erschien und den Eindruck erweckte, es handle sich um ein authentisches Tagebuch, fand zahlreiche Leserinnen und Leser. Genau wie Bridget Jones wussten sie, dass Übergewicht ungesund ist und Krankheiten zur Folge haben kann.

Genau wie Bridget bekommen viele von uns allzu schnell ein schlechtes Gewissen und tun alles, um abzunehmen. Wir probieren die unterschiedlichsten Diäten aus, machen Sport und versuchen, unseren Lebensstil zu verändern. Allen diesen Themen rund um unsere Selbstfürsorge ist auch die Glücksforschung auf der Spur.

ERNÄHRUNG

Das relativ neue Forschungsgebiet der Ernährungspsychiatrie erforscht die biochemischen Eigenschaften der Ernährung und deren Auswirkungen auf unser Wohlbefinden.

Eva Selhub, Ärztin an der *Harvard Medical School*, fasst mehrere Studien zusammen, die Folgendes belegen: Bei mediterraner Kost oder einer traditionellen japanischen Ernährung war das Risiko einer Depression um 25 bis 35 Prozent geringer als bei einer typischen »westlichen« Ernährung.

Die Wissenschaft kann diesen Unterschied erklären. Traditionelle Ernährungsweisen enthalten kaum verarbeitete und raffinierte Lebensmittel und vergleichsweise wenig Zucker. Sie weisen einen hohen Anteil an Gemüse, Obst, unverarbeitetem Getreide sowie Fisch und Meeresfrüchten auf und enthalten nur geringe Mengen an magerem Fleisch und Milchprodukten. Darüber hinaus sind einige dieser traditionellen

Lebensmittel fermentiert und wirken daher als natürliche Probiotika.

Ernährung mit einem hohen Anteil an Zucker und Kohlenhydraten, die der Körper in Zucker umwandelt, beeinträchtigt nachweislich die Funktion des Gehirns. Zuviel Zucker führt zu einer Verschlechterung der Stimmung bis hin zur Depression.

Wie unsere Ernährung insgesamt auf uns wirkt, ist leichter seriös zu beurteilen, als die Wirkung einzelner Lebensmittel. Im Internet und in Ernährungszeitschriften steht viel über einzelne Lebensmittel geschrieben, die bestimmte gesunde Inhaltsstoffe enthalten und uns deswegen guttun. Solche Aussagen sind jedoch mit Vorsicht zu genießen. Viel Forschung gibt es zum Beispiel rund um das Hormon Serotonin.

Serotonin beeinflusst unter anderem unseren Schlafrhythmus, den Sexualtrieb und unsere Stimmung. Ein Mangel an Serotonin steht nachweislich in Verbindung mit Depressionen. Allerdings bringt es nichts, Serotonin mit der Nahrung aufzunehmen. Denn Serotonin kann die sogenannte Blut-Hirn-Schranke nicht überwinden. Serotonin kann aus dem Verdauungstrakt über das mit Nährstoffen angereicherte Blut nicht dorthin gelangen, wo es der Körper benötigen würde, um biochemisch für mehr Glück zu sorgen, nämlich zu den Gehirnzellen und ins Nervensystem.

Allerdings gibt es einen Baustein von Serotonin, der die Blut-Hirn-Schranke überwinden kann: Tryptophan. Diese Aminosäure kommt in höheren Mengen in mehreren Nahrungsmitteln vor. Allerdings sind viele dieser Lebensmittel stark eiweißhaltig, was wiederum die Aufnahme von Tryptophan behindert. Fleisch, Fisch, Milch- und Sojaprodukte sowie Paranüsse, Dinkel und Spinat sind reich an Tryptophan, liefern jedoch dem Gehirn vergleichsweise wenig davon. Ananas hingegen enthält kaum Eiweiß, aber vergleichsweise viel Tryptophan. Sie würde sich als Quelle für stärkere und natürliche Tryptophan-Zufuhr eignen.

Allerdings dauert der Verdauungsprozess 24 bis 48 Stunden. Wir müssten also in dieser Zeit auf Eiweißzufuhr verzichten, um eine stärkere Zufuhr von Tryptophan zum Gehirn sicherzustellen. Laut den Erkenntnissen von Psychologieprofessorin Dr. Helen Hendy von der *Penn State University* in Pennsylvania könnte sich dann zwei Tage später, also am Tag drei nach dem Essen, eine bessere Stimmung bemerkbar machen. Auch andere Studien belegen, dass es einen oder zwei Tage braucht, bis wir Auswirkungen des Verzehrs von Früchten und Gemüsen auf unsere Stimmung spüren.

Allerdings ist keineswegs sicher, dass das Tryptophan tatsächlich in Serotonin umgewandelt wird und unsere Stimmung hebt. Liliana Dell'Osso und ihre Kollegen von der psychiatrischen Abteilung der *Universität Pisa* haben 2016 herausgefunden, dass Tryptophan ausgerechnet bei depressiven Menschen in Nervengifte statt in Serotonin umgewandelt wird.

Dieses Beispiel zeigt, wie komplex die bio- und elektrochemischen Zusammenhänge im Körper sind. Sich mit einzelnen Nahrungsmitteln glücklich zu essen, funktioniert nicht. Dementsprechend zurückhaltend ist die seriöse Ernährungspsychiatrie bezüglich einzelner Wundernahrungsmittel.

Das Beste, was wir tun können, ist selbst mit möglichst unverarbeiteten, frischen Lebensmitteln zu kochen, viel Gemüse und Obst zu essen und auf Abwechslung zu achten. So können wir nachweislich unsere allgemeine Stimmung verbessern.

Zur Ernährung gehört nicht nur, was wir essen. Unsere Ernährung ist ein umfangreicher Prozess, der schon beim täglichen Einkauf beginnt.

Der Konsum von Bio-Lebensmitteln wirkt sich positiv auf das subjektive Wohlbefinden aus, besonders bei gesundheitsbewussten Konsumenten. Der positive Effekt entsteht auch deswegen, weil gesunde und ausgewogene Ernährung gesellschaftlich erwünscht ist. Das ist der sogenannte Label-Effekt. Wenn wir Nahrungsmittel mit dem Label »Bio« kaufen, erfüllen wir eine soziale Norm. Das wirkt sich ähnlich wie beim Placebo-Effekt positiv auf unser Glücksempfinden aus.

Der Mensch ist biologisch an seine ursprüngliche Nahrungsumgebung angepasst. Während früher die Verschiedenheit der Nahrungsmittel regional überschaubar war und ein weiter Transport am Fehlen von Infrastruktur und Maschinen scheiterte, erleben wir heute in unseren Breiten ein Überangebot an verschiedensten Lebensmitteln aus aller Welt. Die Warenvielfalt im Supermarkt um die Ecke stellt die üppigste Vorratskammer eines mittelalterlichen Herrschers in den Schatten.

Moderne Gesellschaften sind bei der Anpassung an diese Entwicklung jedoch in Verzug. Der menschliche Körper verändert sich wesentlich langsamer als das Nahrungsmittelangebot. Die Folge sind Übergewicht und eine hohe Diskrepanz zwischen der biologischen Prädisposition des Menschen und der heutigen Ernährungssituation.

Der Psychologe Paul Rozin hat die Ernährungsgewohnheiten in Frankreich mit denen in den USA verglichen und stellte fest: Manche Gesellschaften überwinden diese Diskrepanz besser als andere. Die französische Küche entstand aus einer Tradition der Bescheidenheit, die Qualität über Quantität stellt. Dies resultiert bis heute in kleineren Portionsgrößen und ermutigt zu langsamem, moderatem Essen in Gesellschaft, verbunden mit körperlicher Aktivität im Alltag.

In den USA sehen wir das Gegenteil. Die Ernährungsweise der durchschnittlichen Amerikaner ist geprägt durch einen Hang zu Masse, Bequemlichkeit und Überfluss. Über diese kulturelle Prägung macht die Ernährung viele Amerikaner ungesünder, was sich nachhaltig negativ auf ihr Glücksempfinden auswirkt. Bei den Franzosen ist es genau umgekehrt. Wegen deren kultureller Prädisposition trägt das Essen in Frankreich tendenziell zu einer Anhebung des allgemeinen Glücksniveaus bei.

Amerikaner macht ihre Art zu essen
eher unglücklich, Franzosen macht
die ihre eher glücklich.

Ein Aspekt der Ernährung, auf den die Forschung noch wenig achtet, ist die soziale Interaktion beim Essen. Eine Studie unter der Leitung der Gesundheitswissenschaftlerin

Vasoontara Yiengprugsawan auf Basis einer thailändischen Volksbefragung zeigt: Der Konsum der Hauptmahlzeiten ohne Gesellschaft macht Menschen in Thailand unglücklich. Alleine aßen in Thailand vorwiegend ältere Männer sowie Unverheiratete aller Altersgruppen mit geringerem Einkommen und städtischem Wohnort. Insgesamt war das Unglück über das Alleine-Essen bei Frauen am stärksten ausgeprägt.

Dieser soziale Ausschluss, der sich beim Essen zeigte, schien ein Teufelskreis zu sein. Denn es galt auch umgekehrt: Je größer das allgemeine Ausmaß an Unzufriedenheit einer Person war, desto höher war auch die Wahrscheinlichkeit, dass diese Person alleine essen musste, was wiederum ihre Unzufriedenheit maßgeblich verstärkte.

Wahrscheinlich sind auch diese Ergebnisse auf andere Länder nicht genau so übertragbar. Allerdings gilt auch bei uns das gemeinsame Essen als wünschenswertes Zeichen von Zugehörigkeit. Unzählige Filme verwenden das Motiv des vollbesetzten Speisesaales, in dem sich eine allein dastehende Person mit vollem Tablet in der Hand umsieht, auf der Suche nach einem freundlichen Blick oder einer sonstigen einladenden Geste. Wer sich allein an den einzigen leeren Tisch setzen muss, ist zu bemitleiden.

Sozialer Ausschluss zeigt sich also auch bei uns vor allem beim Essen. Umso wichtiger ist es, beim Essen nicht nur auf Qualität, »Bio« und Gesundheit zu achten, sondern auch auf die soziale Interaktion. Schüchternheit ist hier fehl am Platz.

Egal, ob wir unsere Kollegen in der Arbeit auf-
fordern, gemeinsam in die Kantine zu gehen,
oder Freunde zum Essen einladen: Essen ist
auch eine zutiefst soziale Angelegenheit und
damit eine Quelle von Glück oder Unglück.

Viele Konflikte lassen sich beim gemeinsamen Essen und Trinken aus der Welt schaffen. Daran sollten wir uns möglichst nicht erst dann erinnern, wenn wir beim Essen ausgegrenzt werden.

SPORT

Sport und Bewegung haben viele gesundheitliche Vorteile, wir kennen sie. Doch es gibt auch einen Zusammenhang zwischen Sport und Glück.

Der Psychiater Michael Babyak und seine Kollegen von der Abteilung für Psychiatrie an der *Duke University* in North Carolina haben in einer klinischen Studie die Wirksamkeit von Sport mit der Wirksamkeit von Medikamenten bei depressiven Menschen verglichen. Eine Gruppe ihrer Studienteilnehmer musste Sport betreiben, und zwar dreimal die Woche dreißig Minuten lang. Die zweite Gruppe nahm ein Antidepressivum ein. Die dritte Gruppe nahm Antidepressiva und machte zusätzlich Sport.

Bei allen drei Gruppen gingen die Symptome zurück. Die Ergebnisse waren ähnlich. Die Krankheitssymptome ließen bei der Sport-Gruppe um 60,4 Prozent nach, bei der Antidepressiva-Gruppe um 65,5 Prozent und bei der Kombinations-Gruppe um 68,8 Prozent.

Das war jedoch nicht das entscheidende Ergebnis. Bei Depressionen geht es vor allem darum, die Symptome dauerhaft zu verringern und Rückfälle zu verhindern. Deshalb befassten sich die Forscher nun mit der Rückfallrate. Bei der Sport-Gruppe lag sie bei nur acht Prozent. Bei der Medikamentengruppe lag sie bei 38 Prozent und bei der Kombinationsgruppe bei 31 Prozent.

Symptome wie Desinteresse, Schlafprobleme, Appetitlosigkeit, Energiemangel, schlechtes Selbstwertgefühl und Konzentrationsstörungen verringerten sich durch Sport dauerhaft und nachhaltig.

Sport ist ein wirksames Langzeitmittel,
um glücklicher zu sein.

Ein Forscherteam rund um den Psychiater Markus Reichert am *Zentralinstitut für Seelische Gesundheit* in Mannheim kombinierte verschiedene moderne Forschungsmethoden, um den Effekten der körperlichen Aktivitäten im Alltag auf die Spur zu kommen. 67 Freiwillige waren über einen Zeitraum von einer Woche mit Bewegungssensoren ausgerüstet, mit denen sich Geo-Lokalisationsdaten aufzeichnen ließen. Außerdem bekamen sie eine spezielle Smartphone-App, die zu verschiedenen Zeiten nach Wachheit, Energiegeladenheit und psychischer Verfassung fragte.

Die Auswertung der Daten ergab: Auch simple Alltagsaktivitäten wie Treppensteigen wirken sich günstig auf die psychische Gesundheit aus. Die Bewegung stimuliert eine bestimmte Hirnregion, die für die Regulation von Emotionen und die Widerstandsfähigkeit gegenüber psychiatrischen Erkrankungen verantwortlich ist. Daher ist Bewegung besonders wichtig für Menschen, die aufgrund ihrer neurologischen Merkmale anfälliger für psychiatrische Erkrankungen sind.

Auch andere Studien belegen:

Je aktiver wir sind,
desto glücklicher sind wir.

Besonders in den Momenten, in denen wir aktiv sind, zeigt sich die Wirkung. Beim Sport schüttet unser Nervensystem mehr Glückshormone aus. Gute Gefühle verstärken sich und schlechte schwächen sich ab.

Menschen, die den Weg zur Arbeit zu
Fuß oder mit dem Fahrrad zurücklegen,
sind glücklicher. Sie fühlen sich nicht nur besser,
sie sind auch weniger gestresst
und können sich besser konzentrieren.

Schon der kurze Fußweg zu öffentlichen Verkehrsmitteln bringt im Vergleich zum Einsteigen ins unweit geparkte Auto positivere Effekte. Den Arbeitsweg gänzlich zu Fuß zu absolvieren, ist noch besser. Alle Studien dazu zeigen, dass schon etwas mehr Bewegung in unserem Alltag unser Glücksniveau anhebt.

ALTERN

Zu unserer Selbstfürsorge gehört auch unser Umgang mit dem Älterwerden.

»I hope I die before I get old«, heißt es im Song »My Generation« von *The Who* – Ich hoffe ich sterbe, bevor ich alt werde. Der Verfasser des Songs und Gitarrist der Band, Pete Townshend, ist 1945 geboren und sieht das wahrscheinlich inzwischen anders. Doch wahrscheinlich gibt es viele Menschen, die zumindest irgendwann in ihrem Leben so denken wie er. Denn eine Mehrheit, vor allem jüngerer Menschen, stellt sich das Altern schwierig und eher unangenehm vor. Doch je länger wir leben, desto mehr Zeit haben wir, spannende, aufregende, schöne, berührende oder erfüllende Dinge zu erleben.

So wie Allan Karlsson. Eigentlich hatte sich Allan schon mit dem Tod abgefunden, als er mit 99 Jahren in ein schwedisches Altersheim eingewiesen wurde. Doch kurz vor seinem hundertsten Geburtstag wollte er es noch einmal wissen. Er verschwand, indem er durch das Fenster seines Zimmers nach draußen stieg. Er wollte bloß dem medialen Rummel entkommen, den sein hundertster Geburtstag ausgelöst hatte. Doch schon bald fand er sich inmitten einer Reihe unvorhergesehener Ereignisse wieder.

Denn Allan gelangte in den Besitz eines Koffers voller Drogengeld. Als wäre das nicht schon genug, war er auch noch daran schuld, dass der dazugehörige Drogendealer in einem Kühlraum erfror. So blieb Allan nur die Flucht vor den Gangstern, die ihr Geld wiederhaben wollten, vor der Polizei und den Reportern. Hilfe erhielt er von einigen skurrilen Gefährten, die er auf seiner Flucht kennenlernte. Gemeinsam schlugen sie sich bis nach Bali durch.

Das alleine wäre genug für eine spannende Geschichte. Doch Allan Karlsson hatte bereits vor seinem hundertsten Geburtstag allerhand erlebt. Die zahlreichen Abenteuer sind wohl auch der Grund, warum der alte Mann bis zuletzt so unternehmungslustig und aufgeweckt geblieben war.

In Rückblenden erfahren wir in Jonas Jonassons Roman »Der Hundertjährige, der aus dem Fenster stieg und verschwand«, dass Allans Vater als überzeugter Sozialist nach Russland kam, dort allerdings zu einem Anhänger von Zar Nikolaus II. wurde und später im Kampf gegen die revolutionären Bolschewiki starb. Allan selbst wurde daraufhin in eine Nitroglyzerinfabrik geschickt und während der Arbeit zu einem Experten für Sprengstoffe.

In den folgenden Jahrzehnten geriet er zufällig immer wieder in historische Schlüsselmomente. In Spanien rettete er unabsichtlich General Franco und gewann so das Vertrauen des Diktators. Er arbeitete beim geheimen amerikanischen Manhattan-Projekt mit und half, die Atombombe zu entwickeln, woraufhin er Freundschaft mit Präsident Harry S. Truman schloss. In China rettete er der jungen Jian Qing das Leben, die später Mao Zedong heiraten sollte.

Nach einer beschwerlichen Überquerung des Himalayas landete er im Iran, wo er einen Stützpunkt des dortigen Geheimdienstes in die Luft sprengte, ehe er mit dem britischen Premierminister Winston Churchill zurück nach Europa flog.

Damit ist noch nicht einmal die Hälfte von Allan Karlssons aberwitziger Lebensgeschichte erzählt. Wäre er nicht so alt geworden, sondern im angeblichen »besten Lebensalter« verstorben, hätte die Weltgeschichte wohl ganz anders ausgesehen – zumindest, wenn wir dem Autor Jonasson Glauben schenken, der mit seinem Roman zeigt, dass Alter nichts als eine Zahl ist und in jedem Lebensjahr Überraschungen auf uns warten können.

Dass wir im Alter durchaus glücklich sein können, zeigt uns nicht nur Jonassons Buch. Auch die Glücksforschung belegt es. Die Medizin- und Verhaltensforscherin Heather Lacey verglich junge Erwachsene (Altersdurchschnitt 31 Jahre) mit älteren Erwachsenen (Altersdurchschnitt 68 Jahre). Die jüngere Gruppe ging davon aus, dass das Wohlbefinden mit dem Alter abnimmt. Das dachte auch die ältere Gruppe. Das Ergebnis zeigte aber etwas anderes: Die ältere Gruppe war tatsächlich glücklicher als die jüngere. Interessant ist, dass die Jüngeren nicht glaubten, dass sie selbst im Alter unglücklich sein würden. Nur allgemein würden die Menschen ihrer Meinung nach im Alter unglücklicher werden.

Wir denken, dass Menschen im
Alter unglücklicher sind, was aber
nicht stimmt. Es ist genau umgekehrt.
Ältere Menschen sind glücklicher als jüngere.

Viele Studien aus diversen Fachrichtungen bestätigen, dass die Midlife-Crisis tatsächlich existiert. Rund um ihren fünfzigsten Geburtstag erleben Frauen und Männer ebenfalls ein relatives Tief in ihrem Glücksempfinden. Die Midlife-Crisis erklärt die Forschung insbesondere mit enttäuschten Erwartungen bezüglich der Entwicklung des eigenen Lebens. Sobald wir diese Enttäuschung überwunden haben, geht es wieder aufwärts.

Warum wir nach der Midlife-Crisis tendenziell glücklicher sind als davor, dazu gibt es mehrere Thesen. Manche Wissenschaftler vermuten, dass wir mit fortschreitendem Alter unsere Gefühle besser regulieren können. Andere meinen, dass ältere Menschen ihre Erwartungen besser an die Realität anpassen und somit weniger anfällig für große Enttäuschungen sind.

Vielleicht werden wir im hohen Alter nicht ganz so viel erlebt haben wie Allan Karlsson. Doch die größte Freude des Alters werden wir mit ihm teilen. Genau wie er, der seinen Freunden nach ihrer geglückten Flucht in Bali seine unglaubliche Lebensgeschichte erzählt, werden auch wir eines Tages jüngeren Menschen von unseren Erlebnissen berichten. Wir sollten rechtzeitig dafür sorgen, dass sie unsere Berichte aus längst vergangenen Zeiten ähnlich aufregend finden wie eine großartige Abenteuergeschichte.

VERSPIELTHEIT

Spiele spielen, Witze machen, Spaß haben, sich einfach amüsieren. Als Kind ist das selbstverständlich. Im Laufe unseres Lebens verlieren aber viele von uns den Hang zu Spaß und Vergnügen. Wir werden ernster. Was aber, wenn das nicht passiert? Was, wenn wir unsere Verspieltheit beibehalten? Oder wenn wir sie als Erwachsene neu erlernen? Geht das überhaupt?

Dieser Frage hat sich der deutsche Psychologe René Proyer von der *Universität Halle* gewidmet. Denn für ihn ist Verspieltheit eine Möglichkeit, alltägliche Situationen umzugestalten, sie humorvoller, amüsanter und unterhaltsamer für sich und seine Mitmenschen zu machen. Erwachsene die verspielter sind, hält er fest, sind auch glücklicher und zufriedener mit ihrem Leben. Diese Eigenschaft zeigt sich auch in ihrem Lebensstil. Verspielte Menschen tendieren eher dazu, sich unterhaltsame Beschäftigungen zu suchen und sind generell aktiver.

Verspieltheit kann sich auf verschiedene Arten äußern. Studienautor Proyer unterscheidet vier Facetten, die von Mensch zu Mensch verschieden stark ausgeprägt sind:

Erstens. *Verspieltheit in Bezug auf andere.* Dazu gehört es, mit anderen herumzualbern, Verspieltheit zu nutzen, um Anspannung zwischen Menschen zu verringern oder gerne Routinen und Gewohnheiten in Beziehungen zu durchbrechen, zum Beispiel durch unerwartete Aktionen.

Zweitens. *Unbeschwertheit.* Unbeschwerte Menschen sehen das Leben als einen Spielplatz. Sie improvisieren lieber, als zu planen, gehen dem Ernsthaften aus dem Weg und gehen generell entspannt an das Leben heran.

Drittens. *Intellektuelle Verspieltheit.* Intellektuell verspielte Menschen pflegen lieber den komplexen als den einfachen Humor. Sie spielen gerne mit Ideen, nutzen Kreativität für verschiedene Aufgaben, machen gerne Wortspiele oder erzählen lustige Geschichten.

Viertens. *Seltsame Verspieltheit.* Dazu zählen Vorlieben für ungewöhnliche Beschäftigungen. »Seltsam« verspielte Menschen machen oft amüsante Beobachtungen im Alltag, die anderen nicht auffallen würden, und schwimmen lieber gegen den Strom, selbst auf die Gefahr hin, dass sie anderen als sonderbar erscheinen.

In Proyers Studie ging es nun darum, ob sich Verspieltheit antrainieren lässt. Dazu teilte er die Teilnehmer in vier Gruppen ein. Die erste Gruppe musste eine Woche lang abends an je drei verspielte Dinge denken, die im Laufe des Tages passiert sind. Die zweite Gruppe sollte während dieser Woche aktiv versuchen, Verspieltheit in ihren Alltag zu integrieren. Die dritte Gruppe bekam die Aufgabe, verschiedene verspielte Situationen des Tages schriftlich aufzulisten. Die vierte Gruppe war eine Kontrollgruppe und sollte an frühe Kindheitserinnerungen denken.

Die Gruppe, die aktiv Verspieltheit einsetzen sollte, zeigte nach einer Woche eine Steigerung ihrer Verspieltheit. Diese Steigerung bezog sich nicht nur auf die Facette der Verspieltheit, die am ehesten auf den jeweiligen Teilnehmer zutraf, sondern auf alle vier Facetten. Auch die anderen zwei Interventionen steigerten die Verspieltheit der Teilnehmer, jedoch waren hier die Effekte geringer.

Viele Menschen denken, dass Verspieltheit und Humor angeborene Charaktereigenschaften sind. Entweder wir sind lustig oder wir sind es eben nicht. Doch das stimmt nicht. Verspieltheit, die uns erwiesenermaßen glücklicher macht, können wir alle in uns entdecken und fördern.

Je verspielter wir sind, desto mehr Funktionen und Vorteile sehen wir in unserer eigenen Verspieltheit. Das fand Proyer in einer weiteren Studie heraus. Ganz generell sahen die Teilnehmer dieser Studie eine Vielzahl an positiven Auswirkungen. Verspieltheit ist etwas, das uns zum Lachen bringt, generell glücklicher macht, Kreativität und Neugier anregt und das Entstehen neuer Ideen fördert. Ganz abgesehen davon, dass sie es erleichtert, mit herausfordernden Situationen umzugehen oder diese zumindest aufzulockern und uns von Problemen zu distanzieren. Außerdem macht Verspieltheit Gespräche unterhaltsamer und intimer oder hilft beispielsweise beim Flirten.

Fazit. Als Kind ist Verspieltheit etwas Selbstverständliches. Mit dem Erwachsenwerden kommt jedoch auch mehr Ernsthaftigkeit in unser Leben. Die Erkenntnisse von Proyer zeigen, dass wir aktiv das Kind in uns wecken können. Das heißt nicht, dass wir uns an einem schönen Sonntag in den Sandkasten setzen müssen. Verspieltheit zeigt sich auf ganz unterschiedliche Arten. Während manche von uns lieber Wortwitze machen, erzählen andere lieber lustige Geschichten oder albern einfach herum. Wenn wir verspielter werden wollen, müssen wir das bewusst versuchen. Der größte Vorteil daran ist, dass wir mehr Spaß haben, mehr lachen, glücklicher und ganz generell zufriedener mit unserem Leben werden. Verspieltheit hat dabei nicht nur Vorteile im Privatbereich. Sie hilft uns auch am Arbeitsplatz, in unseren Beziehungen zu Kollegen oder im Umgang mit schwierigen Situationen.

HUMOR

Humor kann uns helfen, durch schwierige Lebenssituationen zu kommen und macht den Alltag erfreulicher. Wenn es ums Glücklichsein geht, ist deshalb auch Humor ein wichtiger Faktor.

Das beweist unter anderem eine Studie der Gesundheitswissenschaftlerinnen Anja K. Leist von der *Universität Luxemburg* und Daniela Müller von der *Universität Trier*. Sie unterschieden dafür zwischen vier verschiedenen Arten von Humor.

Erstens. *Gemeinschaftlicher Humor*. Das ist jener Humor, der unsere Beziehung zu anderen stärkt, indem wir sie zum Lachen bringen.

Zweitens. *Selbstverstärkender Humor*. Dieser Begriff beschreibt die Neigung, das Leben positiv zu sehen und sich durch Humor selbst aufzubauen.

Drittens. *Aggressiver Humor*. Er ist ebenfalls selbstverstärkend, allerdings auf Kosten anderer, wenn wir uns beispielsweise über sie lustig machen.

Viertens. *Selbstquälerischer Humor*. Das ist die Tendenz, sich über sich selbst lustig zu machen, um andere zum Lachen zu bringen.

Gemeinschaftlicher und selbstverstärkender Humor machen uns glücklicher. Soweit ist das Ergebnis wenig überraschend. Unerwartet ist allerdings, dass aggressiver und selbstquälerischer Humor gar keine Auswirkung auf das Wohlbefinden der Studienteilnehmer hatten.

Die Studienautorinnen betonten jedoch, dass die Grenzen zwischen diesen vier Arten des Humors je nach kulturellem Kontext anders verlaufen. Im deutschsprachigen Raum etwa gilt als sympathisch, wer Witze über sich selbst machen kann. »Selbstquälerischer« Humor ist hier also vielfach gar keiner.

In Wien gilt das auch für den »aggressiven« Humor. Die Sprachwissenschaftlerin Oksana Havryliv vom Institut für Germanistik der *Universität Wien* zeigt, dass die Wiener Schimpfwörter in einem Viertel der Fälle nur zum Spaß benutzen.

MEDITATION

Meditation und Achtsamkeitstraining wurden in den vergangenen Jahren immer beliebter. Viele Menschen schwören auf deren wohltuende Wirkung. Es gibt jedoch auch einige, die diesen Praktiken eher zurückhaltend gegenüberstehen. Viele denken, dass sie niemals so lange ruhig sitzen können. Viele denken auch, dass nur esoterische und spirituell veranlagte Menschen meditieren und dass das nichts für sie ist. Glück, das auf diese Weise kommt, ist langweilig, denken sie.

Die Psychologin Barbara Fredrickson bewies, dass es sich lohnt, sich zu überwinden. Die Teilnehmer ihrer Studie sollten wöchentlich an einem einstündigen Workshop teilnehmen und dann mindestens fünf Mal pro Woche meditieren. Konkret praktizierten sie die sogenannte »Liebende-Güte-Meditation«, auch *Metta-Meditation* genannt, die aus der buddhistischen Tradition stammt, jedoch frei von religiösen Inhalten ist. Wie bei anderen Arten von Meditationen geht es auch hier um die Konzentration auf den Atem. Zusätzlich – das ist das Besondere daran – sollen die Teilnehmer positive Gefühle für sich selbst und für andere Menschen aufbauen.

Nach sieben Wochen Meditation berichteten die Teilnehmer über vermehrte positive Emotionen im Alltag. Sie waren achtsamer, akzeptierten sich selbst eher und hatten bessere

Beziehungen zu anderen. Dadurch waren sie auch zufriedener mit ihrem Leben und weniger depressiv.

Wir sind nicht nur während der Meditation
glücklicher, sondern auch danach. Wenn
wir regelmäßig meditieren, zeigt sich der
Einfluss sogar noch Tage danach.

Britta Hölzel von der *Harvard Medical School* wollte wissen, warum das so ist. Sie sah sich mit ihren Kollegen an, wie sich Meditation auf unser Gehirn auswirkt. Die Teilnehmer ihrer Studie mussten an einem wöchentlichen Gruppentreffen teilnehmen und täglich 45 Minuten lang meditieren. Vor und nach diesem achtwöchigen Programm wurde ein MRT-Scan gemacht. Um einen Vergleich zu haben, ließen die Forscher auch Scans von Teilnehmern machen, die während der acht Wochen nicht meditierten.

Bei den Teilnehmern, die meditierten, erhöhte sich die Konzentration an grauer Substanz im Gehirn, genauer gesagt im Hippocampus und in Teilen des vorderen Gyrus Cinguli, der linken temporo-parietalen Junktion und des Kleinhirns. Was bedeutet das?

Wenn sich die Konzentration an grauer Substanz erhöht, verbessert sich die Funktion unseres Gehirns in diesem Bereich. Der Hippocampus hilft uns unter anderem, unsere Emotionen besser zu regulieren. Bei Menschen, die zum Beispiel an einer Depression oder an einer posttraumatischen Belastungsstörung leiden, verliert die graue Substanz an Volumen und Dichte in dieser Gehirnregion.

Die linke temporoparietale Junktion ist auch ausschlagge-
bend für Selbstwahrnehmung und Mitgefühl. Der vordere Gyrus Cinguli ist aktiv, wenn wir die Bedeutung von emotionalen
Stimuli beurteilen. Zusammen bilden die drei Teile ein Ge-
hirn-Netzwerk, das uns hilft, Dinge aus der Perspektive anderer
Menschen zu sehen. Auch das Kleinhirn hilft uns bei der Regulierung von Emotionen und bei unserer Wahrnehmung. Meditation wirkt sich also tatsächlich auf unser Gehirn aus und stärkt
Bereiche, die uns helfen können, glücklicher zu werden.

Welche Arten der Meditation welche Auswirkungen ha-
ben, zeigt eine Studie der italienischen Psychologin Susanna
Feruglio, von der Abteilung für Sprachen und Literatur der
Universität Udine.

Bei Meditation geht es generell darum, Gedanken und Gefühle bewusst wahrzunehmen und zu akzeptieren. Es geht
darum, achtsam zu sein. Bestimmte Meditationstechniken
lenken die Konzentration eher auf Objekte, den Atem, Kör-
perteile oder Ereignisse. Andere Methoden fokussieren eher
auf Gefühle und Gedanken. Das Ziel ist hier meist, diese Erfahrungen wahrzunehmen, nicht über sie zu urteilen, sondern sie zu akzeptieren.

Feruglio wies den Teilnehmern in ihrer Studie unterschiedliche Meditationstechniken zu. Acht Wochen lang
mussten sie regelmäßig eine bestimmte Technik praktizieren
und an Trainingseinheiten teilnehmen, wobei alle Gruppen
achtsamer wurden.

Meditationstechniken, die sich auf den Atem konzentrier-
ten, halfen besonders gut gegen Grübelei. Durch diese Tech-
niken lernten die Teilnehmer, ihre Aufmerksamkeit abzulen-

ken, sobald negative Gedanken auftauchten. Dadurch lassen sich negative Gedankenkarusselle stoppen. Die Teilnehmer wurden so auch optimistischer.

Meditationen zur Wahrnehmung des Körpers wirken sich positiv auf die Regulierung unserer Emotionen aus. Diese Technik fokussiert zum Teil auf die Wahrnehmung von Anspannungen und Schmerzen während der Meditation. Durch eine offene Einstellung und Akzeptanz lassen sich Schmerzen und Anspannungen aktiv reduzieren.

Unterschiedliche Meditationstechniken haben unterschiedliche Effekte. Je nach unseren Bedürfnissen, können wir in der umfangreichen darüber vorliegenden Literatur unsere Auswahl treffen. Fehler können wir dabei keine machen. Es ist erwiesen, dass jede Art von Meditation glücklicher macht.

NATUR

Ein wesentlicher Beitrag zur Selbstfürsorge besteht darin, Zeit in der freien Natur zu verbringen. Was die meisten Menschen bei jedem Waldspaziergang erleben, hat die Wissenschaft, beginnend in den 1970er-Jahren in Japan, inzwischen ausführlich beschrieben. In der Natur zu sein, stärkt nicht nur das Herz-Kreislauf- und das Immunsystem, sondern auch das Nervensystem und macht damit nachweislich entspannter, ruhiger, zufriedener und glücklicher. Kein Wunder, denn die

Spezies Mensch ist mit der Natur enger verbunden, als wir das heute wahrnehmen. Die Zeit, in der wir in Häusern aus Beton, Stahl und Glas leben und unsere Wege auf Asphalt zurücklegen, ist im Vergleich zur Menschheitsgeschichte nur ein Wimpernschlag. Hunderttausende Jahre lang lebten unsere Vorfahren in der Natur, mit der Natur und von der Natur. Genetisch betrachtet ist für uns ein Waldspaziergang deshalb viel mehr als ein Waldspaziergang. Es ist wie Heimkommen für uns.

Die Umweltökonomen George MacKerron von der *Universität Sussex* und Susana Mourato von der *London School of Economics* wollten dem mit wissenschaftlichen Methoden nachgehen. Dazu entwickelten sie eine App. Die Nutzer erhielten an zufälligen Zeitpunkten während des Tages Benachrichtigungen. Sie mussten dann in der App Fragen beantworten. Wie glücklich sie waren, wo sie waren, mit wem sie unterwegs waren und was sie gerade machten.

Während sie diese Fragen beantworteten, erfasste die App die GPS-Daten der Teilnehmer. So konnten die Wissenschaftler feststellen, ob sie sich gerade in der Natur oder in urbanen Bereichen befanden und wie das Wetter an diesem Ort war. Insgesamt kamen die Wissenschaftler auf 21.947 Datensätze und bei deren Auswertung auf eindeutige Ergebnisse.

Menschen, die sich im Freien aufhalten,
sind glücklicher. Dabei haben natürliche
Umgebungen stärkeren Einfluss auf ihr
Glücksempfinden als urbane. Um welche Art
von natürlicher Umgebung es sich handelt,
um Wald, Wiese oder Buschland, ist egal.

Die Wissenschaftler wollten allerdings sichergehen. Es wäre ja immerhin möglich, dass nicht die Natur selbst die Ursache für das gesteigerte Glücksempfinden war, sondern die Umstände des Aufenthalts dort. Schließlich sind wir vorzugsweise bei gutem Wetter und gemeinsam mit Freunden oder Verwandten in der Natur und bewegen uns dabei auch.

Die Bereinigung der Daten um solche potenziellen Einflussfaktoren änderte nichts am Ergebnis. Der Aufenthalt in der Natur war tatsächlich die wesentliche Ursache für das gesteigerte Glücksempfinden. Die Forscher fanden zum Beispiel heraus, dass dieselben Menschen glücklicher waren, wenn sie Sport in der Natur statt in der Stadt machten.

Um den positiven Einfluss der Natur auf unser Glücksempfinden noch besser zu verstehen, sah sich der Umweltpsychologe Gregory Bratman von der *Standford Universität* die Rolle unseres Gehirns und unsere Gedanken dabei an. Genauer gesagt wollten er und seine Kollegen wissen, ob der Aufenthalt in der Natur Grübeleien reduziert.

Durch Grübeleien, so viel sei vorausgeschickt, fokussieren wir uns vor allem auf negative Gefühle, auf ihren Ursprung und auf ihre Folgen. Eine stärkere Neigung zu Grübeleien bezeichnen Psychologen als »maladaptives Tagträumen«. Sie erhöht das Risiko für Depressionen und andere psychische Krankheiten. Im Gehirn ist der sogenannte subgenuale präfrontale Cortex aktiv, wenn wir grübeln. Laut den Wissenschaftlern braucht es positive oder neutrale Ablenkung, um unsere Aufmerksamkeit von den negativen Gefühlen wegzusteuern.

Umweltpsychologe Bratman wollte nun herausfinden, ob die Natur fesselnd und vereinnahmend genug ist, um uns von negativen Gedanken abzulenken. Sie teilten Testpersonen in zwei Gruppen ein. Die erste Gruppe musste einen neunzigminütigen Spaziergang in der Natur machen, die zweite Gruppe machte einen ebenso langen Spaziergang im urbanen Raum. Vor und nach dem Spaziergang mussten die Teilnehmer einen Fragebogen über ihr Glücksempfinden ausfüllen. Außerdem ermittelten die Wissenschaftler sowohl davor als auch danach die Gehirnaktivität im entscheidenden Bereich. Das Ergebnis sollten wir uns für unsere Freizeitplanung gut merken.

Spaziergänge in der Natur
reduzieren Grübeleien. Stadtspaziergänge
schaffen das nicht.

Dass die positiven Auswirkungen des Aufenthalts in der Natur noch weitergehen, zeigt ein Forschungsprojekt, das der britischen Sender *BBC* in Zusammenarbeit mit der kalifornischen *Berkeley Universität* umsetzte. Die *BBC* wollte wissen, ob auch Natur-Videos positive Auswirkungen auf unser Wohlbefinden haben.

Dazu zeigten die Forscher den Teilnehmern an dem Experiment verschiedene Videos. Zwei der Videos zeigten Ausschnitte aus »Planet Earth II«, einer Naturdoku-Serie der *BBC*. Die anderen Videos zeigten Nachrichten-Sequenzen aus dem Jahr 2016, Szenen aus einem Filmdrama und Ausschnitte aus einem Video-Tutorial. Vor und nach dem Ansehen der Videos mussten die Teilnehmer Fragen über ihre Gefühle beantworten. Auch ihre Gesichtsausdrücke während des Ansehens analysierten die Forscher.

Unter allen Videos hatten dabei die Naturvideos als einzige positive Auswirkungen auf die Teilnehmer. Sie waren weniger nervös, gestresst und traurig und fühlten sich interessanterweise im Gefühl der Verbundenheit mit der Natur auch weniger einsam. Außerdem verstärkten sich gute Gefühle wie Freude und Faszination.

Schon eine virtuelle Naturerfahrung kann glücklicher machen. Wir sollten das an unserem nächsten Fernseh- oder Serienabend bedenken. Naturserien lindern sogar die Einsamkeit.

Zur Wirkung von Natur auf uns liegt eine Fülle an faszinierenden wissenschaftlichen Informationen vor. So etwa kann die Aussicht auf einen einzigen Baum durch das Fenster eines Krankenhauses die Chancen auf Heilung verbessern, beziehungsweise die Heilung beschleunigen. Schöne Zimmerpflanzen und die Blumen, die wir bei Besuchen mitbringen, haben auch eine Wirkung. Sie begünstigen Empathie, Mitgefühl und soziales Verhalten, wie eine Gruppe von Forschern rund um den Psychologen Jia Wei Zhang von der *University of California* gezeigt hat.

Wer mit dem ersten Schritt vor die Haustür direkt in der Natur landet, sollte diesen Luxus auf jeden Fall ausnutzen. Auch in der kalten Jahreszeit, bei schlechtem Wetter und allein macht der Aufenthalt in der Natur glücklicher. Städter sollten regelmäßig die grünen Bereiche der Stadt aufsuchen und zum Beispiel auf dem Weg zur Arbeit einen Parkt durchqueren, selbst wenn das Zeit kostet. Es zahlt sich aus. Besonders, wenn wir merken, dass uns negative Gedanken vereinnahmen, kann ein Spaziergang in der Natur guttun. Selbst der Aufpreis für eine Wohnung mit Parkblick zahlt sich aus.

Die Glücksforschung hat übrigens auch herausgefunden, dass Luftverschmutzung, etwa durch Straßenverkehr, Fabriksschlote oder Kraftwerke, nicht nur unsere Gesundheit schädigt. Sie mindert auch unser Glücksempfinden signifikant. Es ist belegt, dass Schadstofffilter positive Auswirkungen auf das Glücksempfinden der Menschen haben, die an der windabgewandten Seite der Kraftwerke leben.

Eine bemerkenswerte Studie aus China wiederum untersuchte und belegte den Zusammenhang zwischen Luftqualität uns unserem Glücksempfinden mittels Geo-Tagging von Social Media-Beiträgen. Tage mit schlechterer Luftqualität widerspiegelten sich in deutlich negativeren Postings. Nicht umsonst heißt es wohl, es herrsche dicke Luft, wenn wir schlecht gelaunt sind.

Wie sehr wir mit dem gesamten Ökosystem verbunden sind, zeigten auch Wissenschaftler, die Daten aus 58 Staaten miteinander verglichen. Sie kamen auf eine einfache Formel.

Je mehr Treibhausgasemissionen es in einer Region pro Kopf gibt, desto geringer ist dort das durchschnittliche persönliche Glücksempfinden. Auch der Kampf gegen den Klimawandel ist also ein Versuch, das eigene Glück zu steigern.

SCHLAF

Ausreichend guten Schlaf zu finden, ist ebenfalls ein wichtiger Teil unserer Selbstfürsorge. Schlafprobleme sind in unserer Gesellschaft weit verbreitet. Laut fundierten Schätzungen haben zwischen 13 und 52 Prozent der Menschen in westlichen Zivilisationsgesellschaften Schlafprobleme.

Wie genau sich das auf unsere Psyche und damit auch auf unser Glücksempfinden auswirkt, hat die US-amerikanische Psychologin Nancy Hamilton untersucht. Die ideale Schlafzeit liegt ihren Erkenntnissen zufolge bei 6 bis 8,5 Stunden. Sowohl kürzere als auch längere Schlafzeiten sind demnach nicht zu empfehlen.

Menschen mit idealer Schlaflänge sind glücklicher und dementsprechend weniger anfällig für Depressionen und Angststörungen. Sie sind zufriedener mit ihrem Leben und ihren sozialen Beziehungen. Sie nehmen sich selbst eher so, wie sie sind, entwickeln sich besser und das Lösen von Aufgaben fällt ihnen leichter.

Eine der zentralen Funktionen des Schlafes ist die Abfallbeseitigung im Gehirn. Biologisch betrachtet, funktioniert das über das 2013 entdeckte »glymphatische System«. Im Schlaf vergrößert sich der Platz zwischen den Nervenzellen, so dass die Gehirnflüssigkeit besser durch die Zwischenräume fließen kann. Dabei spült sie Schadstoffe aus, darunter etwa auch das Protein Beta-Amyloid, das an der Entstehung der Alzheimerkrankheit beteiligt ist. Der Wiener Arzt und Wissenschaftler Johannes Huber empfiehlt deshalb, wichtige Entscheidungen grundsätzlich zu überschlafen. Am nächsten Morgen beeinflussen uns dann weniger emotionale Lasten.

Schlaf hilft uns, die täglichen kleinen Ärgernisse, Komplikationen und Unannehmlichkeiten zu überwinden. Er bringt einen Schub frischer Energie und Gesundheit. Mit ausreichend Schlaf fallen uns nicht nur mentale, sondern auch körperliche Aufgaben leichter. Stress stört uns weniger und wir haben mehr Spaß an herausfordernden Aufgaben.

Es ist fast immer effizienter, Aufgaben ausgeruht am nächsten Tag zu erledigen als dafür auf den Schlaf zu verzichten. Vor allem sind wir dann glücklicher. Das gilt auch umgekehrt. Wenn wir einmal Zeit haben, einfach im Bett zu bleiben, empfiehlt es sich aus Sicht der Glücksforschung trotzdem, aufzustehen und die Zeit anders zu verbringen. Wer nach 8,5 Stunden nicht von selbst aufwacht, sollte sich den Wecker stellen.

Die Dauer unseres Schlafes ist also wichtig. Doch Schlaf ist nicht gleich Schlaf. Manchmal ändern sich unser Schlafverhalten oder unsere Schlafzeiten von einem Tag zum anderen. Vielleicht erleben wir solche Veränderungen sogar als normal.

Wie sich das auf unser Glücksempfinden auswirkt, hat Informatikerin Akane Sano vom *MIT Media Lab* in Cambridge erforscht. Laut ihren Ergebnissen sind wir glücklicher, wenn unser Schlafrhythmus regelmäßiger ist. Wir sind in der Früh besser gestimmt, während des Tages ruhiger und haben am Abend mehr Energiereserven.

Die Nachteile eines schlechten Schlafs verhalten sich spiegelverkehrt zu den genannten Vorteilen eines guten. Wir gehen schlechter mit anstrengenden Situationen um, sind generell schlechter gelaunt und reagieren negativer auf aufkommende Probleme. Die Psychologin Amie Gordon, Wissenschaftlerin an der *University of California* im amerikanischen Berkeley, wollte darüber hinaus wissen, wie sich schlechter Schlaf auf zwischenmenschliche Konflikte auswirkt. Deshalb analysierte sie das Schlafverhalten und die Streitigkeiten von Paaren.

Zunächst mussten die Teilnehmer ihrer Studie täglich Fragebögen über Schlaf und Konflikte innerhalb ihrer Beziehungen ausfüllen. Die Auswertung zeigt, dass Paare anfälliger für Konflikte sind, wenn einer der Partner in der Nacht schlecht geschlafen hat. Das hat nichts damit zu tun, wie glücklich beide Partner generell mit der Beziehung sind. Die Ergebnisse waren bei glücklichen Paaren dieselben wie bei jenen, die mit ihrer Partnerschaft unzufrieden waren oder generell öfter Streit hatten.

In einer zweiten Studie beobachteten Gordon und ihr Team das Verhalten bei Streitigkeiten und die Konfliktlösungsversuche. Dazu baten sie die Teilnehmer ins Labor. Die Paare mussten miteinander über den Ursprung der jeweiligen Konflikte sprechen und hatten fünf Minuten Zeit, sie zu lösen.

Die Wissenschaftler analysierten dabei die offen ausgesprochenen Gefühle und die Empathie der Teilnehmer für ihr

Gegenüber. Danach untersuchten sie in Einzelgesprächen, wie beide Partner ihren Konfliktlösungsversuch wahrgenommen hatten.

Auch hier zeigte sich in allen relevanten Punkten eine deutliche Abhängigkeit von der Schlafqualität. Je schlechter die Männer und Frauen geschlafen hatten, desto negativer waren ihre Gefühle und Einstellungen während der Konfliktlösungsversuche.

Es reichte dabei immer aus, wenn ein Partner schlecht geschlafen hatte. Die negative Energie ging jeweils von ihm auf den anderen Partner über. Schlechter Schlaf hat Auswirkungen auf die Empathie. Unausgeschlafen können wir die Gefühle anderer schlechter einschätzen.

ZUFRIEDENHEIT MIT DEM EIGENEN KÖRPER

Glück und Unglück vieler Menschen hängen wesentlich von einer ganz konkreten Zahl ab. Sie lesen sie, manche jeden Tag, von der Anzeige ihrer Waage ab. Ein Kilo mehr oder ein Kilo weniger als gestern? Davon hängt alles ab.

Für die meisten Menschen ist die Waage ein Messgerät des Unglücks. Denn wer kann schon in einer Welt kulinarischer Überflüsse und industriell produzierter Lebensmittel mit den aktuellen Schönheitsidealen mithalten? Zwar ist uns wohl bewusst, dass diese Ideale meist ohnedies nur über Bildbearbeitungsprogramme oder Schönheitsoperationen erreichbar sind, dennoch eifern wir ihnen nach. Zumindest wollen wir unser Körpergewicht im angemessenen Normalbereich halten, weil das ja ganz nebenbei auch gesundheitliche Vorteile hat.

Doch wie wirkt sich das alles auf unser Glücksempfinden aus? Das wollte die Psychologin Sarah Jackson von der Abteilung für Epidemiologie und öffentliche Gesundheit am *University College London* wissen. Vier Jahre lang sammelte sie Daten von drei Gruppen von übergewichtigen Menschen: solche, die abgenommen hatten, solche, die zugenommen und solche, deren Gewicht gleichgeblieben war.

Bei Menschen, die abgenommen hatten, war zwar eine gesundheitliche Verbesserung zu beobachten. Ihr Wohlbefinden jedoch, so das interessanteste Ergebnis der Studie, hatte sich verschlechtert. Sie waren unglücklicher und berichteten häufiger als Menschen aus den anderen beiden Gruppen über depressive Symptome. Ähnliche Ergebnisse liefern Studien, die sich nicht speziell mit übergewichtigen Menschen, sondern mit der gewichtsmäßigen Durchschnittsbevölkerung befassen.

Abnehmen mag gesund sein,
aber es kann uns auch
unglücklicher machen.

Kein Wunder. Denn ein ständiger Zwang zur Selbstkontrolle in Umgebungen, die Essen im Überfluss anbieten, ist schwierig. Unsere Psyche kann darunter leiden. Allerdings ist auch bekannt, dass depressive Symptome oft mit Gewichtsverlust einhergehen. Es kann also sein, dass depressive Verstimmungen den Gewichtsverlust auslösen, nicht der Gewichtsverlust die depressiven Verstimmungen. Hier sind Ursache und Wirkung noch nicht geklärt. Auch ein wechselseitiges Hineinschaukeln von depressiver Verstimmung und Gewichtsverlust ohne klaren Ursache-Wirkung-Zusammenhang ist denkbar.

> *Schönheitsideale, die wir nicht erreichen können, sind eine unerschöpfliche Quelle des Unglücks. Wir sollten beim Blick auf die Anzeige der Waage nicht bloß an unseren Auftritt am Pool oder an unsere körperliche Gesundheit denken, sondern auch an unser Glücksempfinden. Dafür ist es am besten, wenn wir für uns unser eigenes zu uns passendes Schönheitsideal finden. So können wir eine Zufriedenheit mit unserem eigenen Körper entwickeln, die eine solide Basis für unser Selbstbewusstsein und unser Glück liefert.*

Das erkennt letzten Endes auch Bridget Jones. Selbst wenn sie den hübschen Mark Darcy, im Film verkörpert von Colin Firth, nicht bekommen sollte, kann sie zufrieden mit sich, ihrem Körper und ihrer Lebensweise sein.

Nach dieser Erkenntnis bekommt Bridget schließlich doch noch ihr Happy End. Als sie eben sie zu einem Kurztrip nach Paris aufbrechen will, um ihren Liebeskummer zu überwinden, steht Mark vor ihrer Tür. Mit einem neuen Tagebuch, in das sie eine neue Geschichte schreiben kann, die Geschichte von ihnen beiden.

Bridget Jones zeigt uns nicht nur, wie wichtig es ist, mit uns selbst zufrieden zu sein. Sie weist uns auch darauf hin, dass wir unsere Zeit nicht an Menschen verschwenden sollten, die uns ändern wollen. Wir sollten sie lieber denen schenken, die uns so nehmen, wie wir sind.

SICH WEITER-
ENTWICKELN

Wir könnten diesen Planeten als einen betrachten, auf den wir kommen, um uns als Menschen geistig, seelisch und körperlich weiterzuentwickeln. Aber wozu wäre das gut, wo Weiterentwicklung immer auch mit Stress und Strapazen verbunden ist? Philosophien und Religionen geben alle möglichen komplizierten Antworten auf diese Frage. Die Glücksforschung hat eine ganz einfache Antwort: Weil es uns glücklich macht, uns weiterzuentwickeln.

Wenn wir an eine Romanfigur denken, die Glück verkörpert, kommt uns bestimmt nicht gleich Don Quijote in den Sinn. Immerhin wird der spanische Nationalheld mit seiner dürren Figur, seinem klapprigen Gaul und seiner von Rost befleckten Rüstung auch als »Ritter von der traurigen Gestalt« bezeichnet. Trotzdem können wir von seiner Geschichte viel über unser eigenes Glück lernen.

Don Quijote heißt eigentlich Alonso Quijano und ist ein Hidalgo, ein Landadeliger, der irgendwo im spanischen Hinterland lebt. Die Zeit der Ritter ist längst vorüber und Quijano hat seine besten Tage ebenfalls hinter sich. Er fristet sein Leben mit der Lektüre von Büchern und gelegentlicher Jagd. Mit dieser Lebensweise passt er gut in unsere Zeit. Im Glauben, das Beste läge bereits hinter ihm, verfällt er in einen langweiligen Alltagstrott.

Doch das ist bekanntlich erst der Anfang der Geschichte. Denn Alonso Quijano entschließt sich, etwas gegen dieses unglückliche Vor-sich-Hinleben zu unternehmen. Er entschließt sich, Ritter zu werden. Damit ist Don Quijote geboren.

Dass sein alter Gaul Rosinante unter seinem Gewicht erbarmungswürdig stöhnt und sein Stallknecht Sancho keine Ahnung vom Rittertum hat, stellt für Don Quijote kein Hindernis dar. Mit der Kraft seiner Fantasie und seiner unbändigen Begeisterung schafft er es, nach und nach alle um ihn herum in seine eingebildete Welt hineinzuziehen.

Zunächst reagieren die Menschen belustigt über diesen alten Herrn, der aus der Zeit gefallen zu sein scheint. Ist er womöglich verrückt? Statt Windmühlen sieht er Riesen und Schafherden werden zu feindlichen Heeren, die es zu bekämpfen gilt. Doch Don Quijote als Verrückten abzustempeln, wäre viel zu einfach. Denn in Wahrheit ist Don Quijotes entscheidender Kampf nicht jener gegen Windmühlen, sondern jener gegen sein altes, glücksbefreites Dasein.

Seine Freunde und Verwandten, die es gut mit ihm meinen, wollen ihn von seiner »Verwirrung« heilen. Wer kennt das nicht. Haben wir erst mal einen Weg eingeschlagen, der unseren Freunden seltsam erscheint, versuchen sie, uns sanft davon abzubringen. Zu groß ist ihre Angst, uns in Fehlschläge laufen und am Ende enttäuscht zu sehen.

Doch wer möchte andererseits sein Leben als einsamer, vergessener Landadeliger fristen, wenn er auch Ritter sein kann? Don Quijote, und das macht ihn zu einem Helden, nimmt sein Leben selbst in die Hand. Er tut das mit einer radikalen Konsequenz.

Wir müssen nicht so weit gehen, uns als mittelalterliche Ritter zu verkleiden und auf Pferden durch die Straßen zu reiten.

*Den Mut zu haben, Träume zu leben und sie
gegenüber anderen zu verteidigen, ist der
vielleicht wichtigste Schritt zum Glück.*

Der Weg dorthin ist nicht einfach. Don Quijote gerät oft in Kämpfe und nur selten geht er als Sieger aus ihnen hervor. Regelmäßig wird er übel zugerichtet, teilweise sogar schlimm verletzt. Aber letztlich steigt er immer wieder auf sein Pferd und zieht weiter, dem nächsten Abenteuer entgegen.

Die Herausforderung, unseren Traum zu leben, mag für uns oft überlebensgroß wirken. Ganz besonders dann, wenn wir aus einem Zustand des Unglücks ausbrechen wollen. Dann kann die Distanz zwischen unserem Ist-Zustand und unserem Glück weit erscheinen und die Überwindung der Distanz unrealistisch. Immer, wenn wir glauben, etwas sei unerreichbar und unrealistisch, sollten wir uns die Geschichte von Don Quijote vor Augen führen. Wir werden bemerken, dass da gar keine Distanz zwischen Don Quichote und seinem Lebenstraum ist. Er überwindet diese Distanz mit einem Handstreich. Er verändert sich selbst radikal und lebt seinen Traum. Es ist sein Mut, der ihn vom Zustand des Unglücks in seinen Lebenstraum versetzt. Den Mut braucht er wegen der Gesellschaft, in der er lebt, die ihn für verrückt erklären könnte.

Es geht also in Wahrheit nicht darum, dass unser Glück unerreichbar und unrealistisch ist. Es geht um unser soziales Umfeld. Werden die Menschen um uns herum unser neues Ich akzeptieren oder werden wir Hohn, Verachtung oder noch Schlimmeres ernten? Wenn unsere Veränderung so groß ist, dass wir uns dieser Gefahr aussetzen müssen, brauchen wir Mut.

Wenn wir hingegen prinzipiell glücklich sind, brauchen wir keine große Veränderung, um uns weiterzuentwickeln, sondern kleine Veränderungen. Für kleine Veränderungen brauchen wir keinen Mut, sondern Konsequenz. Diese notwendige Konsequenz kann jedoch wiederum mit unserem Glück in Konflikt geraten.

Allzu leicht geraten wir bei dem Versuch, zu sein, wie wir sein wollen, in den Bereich der Selbstoptimierung. In den vergangenen zehn Jahren ist die Selbstoptimierung zu einem Trend geworden. Der bereits zitierte Arzt und Wissenschaftler Johannes Huber bezeichnet in seinem Buch »Das Gesetz des Ausgleichs – Warum wir besser gute Menschen sind« diesen Planeten als Übungsplaneten. Wir kommen, um ihn als bessere Menschen wieder zu verlassen. Aber geht es wirklich nur darum? Um Selbstoptimierung? Also um Dinge wie Reflexion, Disziplin, Impulskontrolle und Training von Körper, Geist und Seele in jeder denkbaren Form? Bleibt da am Ende nicht auf der Strecke, was wir »das Leben« nennen? Müssen wir uns dann nicht, wenn wir eines Tages daraus scheiden, eingestehen, dass wir es konsequent verpasst haben?

Die Glücksforschung weist uns auch hier den Weg. Ja, es macht glücklich, wenn wir uns weiterentwickeln. Aber alles mit Maß und Ziel und vor allem mit dem für uns richtigen Tempo. Glück hat viele Facetten und wir sollten uns davor hüten, mit aller Konsequenz nur unsere Weiterentwicklung zu verfolgen.

LERNEN UND ERKENNTNISSE

In der Schule fängt es an. Für alles, was wir tun und abgeben, bekommen wir Noten. An der Universität, falls wir eine besuchen, geht es so weiter. Mit der Zeit glauben wir, dass unsere Zufriedenheit und unser Glück davon abhängen, wie andere uns und unsere Leistungen bewerten. Aber ist das wirklich so?

Wie Glück mit persönlicher Weiterentwicklung durch Erkenntnisse zusammenhängt, wollten der israelische Bildungspsychologe Avi Kaplan und sein US-amerikanischer Kollege Martin Maehr wissen. Sie unterschieden zwischen Lern-Zielen und Ego-Zielen.

Menschen mit Lern-Zielen wollen neue Fähigkeiten erwerben, Dinge verstehen und sich selbst verbessern. Menschen mit Lern-Zielen wollen wachsen, Menschen mit Ego-Zielen wollen gute Noten bekommen, als Bestätigung für sich selbst oder auch, um im Vergleich zu anderen besser dazustehen. Für ihre Studie befragten sie 168 Oberstufenschüler zu ihrem Wohlbefinden, ihrem Lernverhalten und ihren Noten.

Die Schüler, die sich Lern-Ziele setzten, waren nicht nur glücklicher, sondern auch allgemein zufriedener mit ihrem Leben. Das wirkte sich auch positiv auf ihre Noten aus. Ego-Ziele hingegen machten die Schüler unglücklicher. Bemerkenswerterweise wirkten sich Ego-Ziele weder positiv noch negativ auf ihre Noten aus.

Menschen mit Lern-Zielen tendieren eher dazu, mehr in Aufgaben und Lernerfolg zu investieren. Sie gehen auch anders ans Lernen heran, interpretierten die Wissenschaftler ihre Ergebnisse. Sie wollen, was sie lernen, auch verstehen und recherchieren beispielsweise selbst nach, wenn sie zusätzliche Fragen haben. Ihre Lernmethoden sind meistens durchdachter und kreativer. Menschen mit Ego-Zielen hingegen suchen eher nach einfachen Lösungen, denken weniger über das Gelernte nach und lernen auch nur das, was die Professoren vorgeben.

Wenn bei einer Prüfung oder einem Test eine Frage kommt, auf die die Lernenden nicht vorbereitet sind, zeigen sich die Unterschiede. Menschen mit Ego-Zielen geben dann ziemlich schnell auf. Sie erkennen, dass sie für die Frage nicht gelernt haben, fühlen sich schlecht und versuchen erst gar nicht, eine richtige Antwort zu finden. Menschen mit Lern-Zielen hingegen sehen die schwierige Frage eher als Herausforderung, sind optimistisch und versuchen zumindest, sich die richtige Antwort zusammenzureimen.

Unser Glück im Zusammenhang mit Lern-
prozessen hängt nicht von Noten oder anderen
Bestätigungen ab, sondern davon, ob wir neue

*Erkenntnisse sammeln und dazulernen oder
nicht. Innerlich zu wachsen, indem sich etwa
unser Bildungshorizont erweitert oder wir
Neues verstehen, macht glücklich.*

Wie das auf neuropsychologischer Ebene aussieht, erforschte der amerikanische Neurowissenschaftler Yongtaek Oh an der *Drexel Universität* in Philadelphia. Er wollte wissen, was bei Aha-Erlebnissen passiert, in dem Moment also, in dem wir unversehens etwas verstehen, eine Lösung finden oder eine entscheidende Idee haben.

Während die Studienteilnehmer Rätsel lösten, maßen die Forscher ihre Gehirnaktivität mittels EEG. Sobald die Teilnehmer die Lösung des Rätsels wussten, mussten sie auf einen Knopf drücken. Danach mussten sie angeben, ob es ein echtes Aha-Erlebnis war oder ob sie durch bewusste, analytische Gedankengänge auf die Lösung gekommen waren. Im Anschluss füllten sie einen Fragebogen über ihr Glücksempfinden und ihre Belohnungssensitivität aus. Belohnungssensitivität ist ein Charaktermerkmal von Menschen, die generell gerne nach positiven Anreizen suchen, die sie auch beim Essen, Trinken, Rauchen, Spielen oder Einkaufen finden können.

Die Aha-Momente lösten besondere Aktivität im orbitofrontalen Cortex aus. Dieser Bereich des Gehirns hängt auch mit angenehmen Erfahrungen wie gutem Essen, positiven sozialen Erlebnissen, Orgasmen oder Drogenräuschen zusammen. Allerdings zeigte sich dieser Effekt nur bei belohnungssensitiven Menschen. Viele Menschen brauchen also gar keine guten Noten, denn allein ihr Gehirn belohnt sie für ihre Erkenntnisse. Das erklärt laut den Wissenschaftlern nicht nur, warum manche von uns gerne Kreuzworträtsel lösen, sondern auch, warum die Menschheit generell immer nach neuen Erkenntnissen sucht. Diese Erkenntnisse stellen alle auf Noten basierenden Schulsysteme infrage.

Auch der Kognitionswissenschaftler Tad Brunyé beschäftigte sich mit dem Zusammenhang zwischen Erkenntnissen und dem Wohlbefinden. Genauer gesagt, beschäftigte er sich mit Assoziationen, also mit Ideen, Wörtern oder Konzepten, die zusammenpassen, zum Beispiel »kalt« und »heiß«.

Assoziationen sind wichtig für unsere geistige Leistungsfähigkeit. Sie helfen uns beim Lernen, beim Merken, beim Suchen nach Lösungen und fördern unsere Kreativität. Je glücklicher wir sind, desto breiter sind erwiesenermaßen unsere Assoziationen. Während »kalt« und »heiß« eher eine beschränkte Assoziation ist, wäre »kalt« und »Niesen« eine breitere Assoziation. Breitere Assoziationen zeigen, dass unsere gedanklichen Verbindungen breiter gefächert sind und nicht nur das Naheliegende umfassen. Die Wissenschaftler wollten nun herausfinden, ob dieser Effekt auch umgekehrt nachweisbar ist. Machen uns breitere Assoziationen glücklicher?

Um das zu testen, zeigten sie den Teilnehmern auf einem Bildschirm insgesamt 175 Wörter. Aufgabe war es, jeweils das erste Wort einzutippen, das ihnen in den Sinn kam. Davor und danach beantworteten die Teilnehmer auch Fragen über ihr Glücksempfinden.

Breitere Assoziationen ziehen demnach tatsächlich eine gute Stimmung nach sich. Sie verringern negative Gefühle und verstärken leicht positive Gefühle. Der Neurowissenschaftler Moshe Bar, Direktor des Gehirnforschungszentrum der *Bar-Ilan Universität* in Israel, meint, dass dieser Effekt evolutionären Charakter hat.

Wenn wir unser Gehirn möglichst
produktiv und kreativ einsetzen, belohnt
uns die Evolution dafür mit erhöhtem
Glücksempfinden.

Dennoch schätzen höher gebildete Menschen ihr Leben ungefähr gleich und in manchen Studien sogar etwas schlechter ein als der Durchschnitt. Das liegt laut Forschung daran, dass mit der höheren Bildung höhere Plätze auf der Karriereleiter einhergehen, was mehr Stress und weniger Freizeit bedeutet. Bei den Hintergrundparametern des Glücks wie Sinnstiftung, Zugehörigkeit, Autonomie und Selbstwertgefühl liegen höher gebildete Menschen allerdings deutlich über dem Durchschnitt.

PERSÖNLICHE WEITERENTWICKLUNG

Was sind unsere Stärken? Spätestens beim Einstieg in den Arbeitsmarkt sind wir mit dieser Frage konfrontiert. Sie dient auf den ersten Blick der Einschätzung, wie gut wir bestimmte Aufgaben meistern können. Vor dem Hintergrund der Glücksforschung bekommt sie allerdings noch eine zweite Bedeutung. Dahinter verbirgt sich die Frage, ob uns eine berufliche Tätigkeit glücklich macht oder nicht.

Der britische Psychologe Alex Linley vom *Centre of Applied Positive Psychology* in Coventry wollte wissen, ob das überhaupt stimmt. Sind wir wirklich glücklicher, wenn wir unsere Stärken erkennen und aktiv einsetzen?

Linley unterzog die Studenten, die an seiner Studie teilnahmen, zunächst einem Test. Dieser sollte Auskunft über ihre fünf sogenannten Signatur-Stärken geben. Unsere Signatur-Stärken sind jene, die wir selbst am meisten an uns schätzen. Das müssen nicht notwendigerweise jene Stärken sein, die bei uns besonders ausgeprägt sind. Es sind vor allem jene Stärken, die mit unseren Werten einhergehen und ein innerliches Verlangen in uns auslösen, sie zu nutzen.

Anschließend mussten die Teilnehmer drei Ziele aufschreiben, die sie in diesem Semester erreichen wollten. Während des Semesters beantworteten die Studenten dann laufend Fragen. Inwiefern setzten sie ihre fünf Stärken ein, um ihre drei Ziele zu erreichen? Wie ging es ihnen generell? Wie gut kamen sie auf dem Weg zu ihren Zielen voran?

Als die Forscher am Ende des Semesters alle Antworten auswerteten, zeigte sich, dass Studenten, die ihre fünf Signatur-Stärken öfter eingesetzt hatten, tatsächlich glücklicher waren. Außerdem waren sie erfolgreicher im Erreichen ihrer Ziele.

Wir verlieren unnötig Zeit und Energie,
wenn wir uns ständig mit unseren Schwächen
auseinandersetzen. Vielmehr sollten wir uns
fragen, was unsere Stärken sind. Mehr noch.
Wir sollten uns fragen, welche unserer Stärken

wir am meisten an uns selbst schätzen und
gerade sie konsequent einsetzen. Das macht
uns nicht nur erfolgreicher. Es macht
uns auch glücklicher.

Mittlerweile gibt es eine große Auswahl an Online-Selbsttests. Es ist also recht einfach, herauszufinden, wo unsere Stärken liegen. Doch einfach auf die eigenen Stärken zu setzen, bedeutet nicht, dass wir immer den einfachsten Weg suchen sollten. Aus dem Sport kennen wir das alle. Wenn wir die Zähne zusammenbeißen, uns also selbst überwinden, sind wir hinterher umso glücklicher, selbst wenn wir keine bessere Leistung erzielen konnten. Lässt sich dieser Gedanke verallgemeinern? Wächst mit den Herausforderungen, die wir uns stellen, immer auch unser Glücksempfinden? Der US-amerikanische Psychologe Ryan Howell und seine Kollegen an der *San Francisco State University* erforschten das. Wie glücklich machen uns Aufgaben, die uns alles abverlangen?

Howells Ausgangspunkt war klar. Egal, ob in der Arbeit, an der Uni oder im Alltag, wenn wir uns mit Dingen beschäftigen, die für uns schwierig sind, hat das zunächst negative Auswirkungen auf unser Glücksempfinden. Wenn wir zum Beispiel etwas Neues lernen müssen, sind wir vielleicht gestresst und dadurch auch unglücklicher. Blicken wir jedoch am Ende des Prozesses zurück, bleiben uns gerade solche Zeiten als glücklich in Erinnerung.

Denn etwas erfüllt uns. Wir gehen in etwas auf. Vorausgesetzt immer, dass die Aufgaben in einem gesunden Verhältnis zu unseren Möglichkeiten stehen. Die Aufgaben dürfen uns nicht überfordern. Wir müssen in der Lage sein, sie zu bewältigen, idealerweise, indem wir dabei über uns hinauswachsen. Ein Umstand, den sich besonders Lehrer und Coaches merken sollten. Hier entlang führt der Weg, der ihre Schüler und Klienten stark und erfolgreich macht.

Doch es bleibt das Problem mit dem Stress, der uns angesichts von großen Herausforderungen zunächst befällt und uns dieses Zähne-Zusammenbeißen abverlangt. Es ist der Stress, der uns oft genug abschreckt und uns etwas vermeiden lässt, das uns vielleicht im Leben weiterbringen würde. Wie sollen wir damit umgehen? Auch dafür hat die Glücksforschung zwei Vorschläge.

Zum einen ist dieser Stress umso geringer, je mehr wir uns einer Aufgabe gänzlich aus freiem Willen stellen. Wenn uns jemand aufträgt, einen Berg zu besteigen, werden wir an diesem Stress eher scheitern, als wenn wir es uns selbst vornehmen. Außerdem hilft es uns wahrscheinlich, wenn wir große Aufgaben nicht alleine, sondern in Gruppen, etwa mit Kollegen oder mit Freunden, angehen. Geteilter Stress ist halber Stress und geteiltes Glück ist dann doppeltes Glück.

Es macht uns glücklich, wenn wir unsere Fähigkeiten und Kompetenzen weiterentwickeln und uns aktiv neuen Herausforderungen stellen, die wir auch bewältigen können. Je öfter wir es schaffen, diese Chance zu nutzen, ohne uns zu überfordern oder zu unterfordern, desto glücklicher werden wir.

ZIELE UND ERFOLG

In einer auf Wettbewerb und Erfolg ausgerichteten Gesellschaft gehört die Frage »Was willst du erreichen?« zu den entscheidenden. Ja, was wollen wir eigentlich erreichen, und vor allem, wie? Mit diesem Themenkreis beschäftigt sich auch die Glücksforschung und stellt zunächst einmal fest, dass es uns grundsätzlich gut tut, uns mit unseren Zielen auseinanderzusetzen. Allerdings will glücksfördernde Zielsetzung gelernt sein.

Die wenigsten Menschen setzen sich überhaupt Ziele. Vielmehr legen sie ihren Lebensweg opportunistisch an, also an den Möglichkeiten ausgerichtet. Sie meiden das Negative und nehmen gute Gelegenheiten wahr. Sie sind pragmatische Taktiker und verzichten damit auf die möglichen positiven Effekte richtiger Zielsetzungen.

Nur wenige Menschen setzen sich zeitlich und zahlenmäßig messbare und konkret erreichbare Ziele. Das sind die ehrgeizigen Strategen. Ihre Ziele fallen allerdings meist in den Bereich der konkurrenzorientierten Ziele. Dazu gleich noch mehr.

Was ist nun glücksfördernde Zielsetzung?

Glücksfördernde Zielsetzung erfordert keine Strategie. Wenn wir durch Zielsetzung glücklicher werden wollen, sollten wir uns möglichst konkret bewusst machen, was wir erreichen möchten, in allen Facetten des Seins. Mit wem will ich zukünftig meine Zeit verbringen? Mit

welchen Tätigkeiten will ich mich beschäfti-
gen? Wie will ich mich weiterentwickeln?

Wer für sich emotional erfüllende Antworten auf diese und ähnliche Fragen findet und sich regelmäßig an diese Emotionen erinnert, kann nicht nur glücklicher werden, sondern auch gesünder.

Dazu gibt es Erkenntnisse aus der Medizin. Emotional positiv besetzte Zielbilder in die Zukunft zu projizieren, fördert nachweislich den Heilungserfolg. Wenn wir uns vor einer schweren Operation zum Beispiel vornehmen, danach am eigenen Balkon einen Kräutergarten zu gestalten, weil wir gerne frische Kräuter für unsere Küche hätten, dann unterstützt das die Genesung.

Glücksfördernde Ziele können wir uns, im
Unterschied zu strategischen Zielsetzungen,
als kleine Lebensträume vorstellen, die
uns mit Freude erfüllen.

Emotional erfüllende Vorstellungen von der Zukunft haben erwiesenermaßen die Tendenz, wahr zu werden. Einfach deshalb, weil wir sehr motiviert auf diese schönen Vorstellungen hinarbeiten. Ohne Druck, ohne Zeitplan, ohne Umsetzungsstufen und sonstigem strategischen Firlefanz, der zu Enttäuschungen führen könnte. Wir gehen damit geduldig, getragen von Vorfreude, konsequent in Richtung Ziel, erreichen es irgendwann und verwirklichen so die ganze Zeit über unseren Lebenstraum. Zunächst in unseren Gefühlen und dann in der Realität. Beides macht uns glücklich.

Bei glücksfördernden Zielen macht uns der
Weg zum Ziel genauso glücklich wie das
Erreichen des Ziels. Sie führen dazu, dass wir
von Anfang an unseren Traum leben.

Eine Möglichkeit, uns unsere glücksfördernden Ziele und Lebensträume bewusst zu machen, ist das Schreiben. Für viele Menschen ist es ein wichtiges Instrument zum Ausdruck ihrer Gefühle, Gedanken oder Sorgen. Viele preisen die therapeutische Wirkung des Schreibens bei der Verarbeitung von Traumata an. Wer traumatische Erlebnisse zu Papier bringt, verbessert damit seinen allgemeinen körperlichen Gesundheitszustand und stärkt seine Immunabwehr. Das ist seit den 1990er-Jahren erwiesen.

Ein Team um Laura King, Professorin für Psychologie an der *Universität von Missouri*, erforschte, was Schreiben noch alles mit uns machen kann. Zu diesem Zweck ließ sie 81 Studierende täglich zwanzig Minuten zu einem von vier Themen schreiben. Über die beste Vorstellung von ihren zukünftigen Ichs, über eine traumatische Erfahrung, über beides oder über ein emotionsloses Thema. Nach drei Wochen stellte sie ihnen Fragen zu ihrem subjektiven Glücksempfinden.

Jene, die über ihre Zukunft schrieben, waren signifikant glücklicher als vor Beginn der Studie. Das konnte Psychologin King eindeutig aus den Antworten ableiten. Durch das Aufschreiben von Zukunftsplänen erzielten ihre Studierenden die gleichen positiven Effekte wie durch das Schreiben über Traumata.

Unsere Ziele können also einen wichtigen Beitrag zu unserer Zufriedenheit leisten. Wir sollten sie uns stets ins kognitive und emotionale Gedächtnis rufen, indem wir uns vorstellen, wie es sein wird, sie erreicht zu haben. Wir holen damit gleichsam die schöne Zukunft schon in die Gegenwart und machen sie zum Teil von ihr.

KONKURRENZORIENTIERTE ZIELE

Allerdings kommt es dann noch immer darauf an, welche Ziele wir uns setzen. Denn wenn wir sie einmal erreicht haben, machen uns bestimmte Ziele glücklicher als andere.

In unserer westlich-kapitalistischen Kultur ist die Frage nach Zielen und Erfolgen eng mit unserer beruflichen Tätigkeit verbunden. Bereits als Kind konfrontieren uns die Erwachsenen mit der Frage, was wir einmal werden möchten. Früh lernen wir, was die richtige und was jedenfalls die falsche Antwort darauf ist. Die richtige lautet: »Ich will einen guten Beruf haben und viel Geld damit verdienen.« Die falsche lautet: »Egal. Ich will nur möglichst viele Freunde und viel Spaß haben.«

Offenbar wissen wir als Kinder noch genauer, was uns glücklich macht und was nicht. Denn die Glücksforschung zeigt, dass die zweite Antwort eigentlich die richtige wäre.

Setzen wir uns Antwort eins als Ziel, und haben wir einige Jahre später einen guten Beruf, mit dem wir viel Geld verdienen, dann bleibt es meist nicht dabei. Im Gegenteil. Dann setzen wir uns neue Ziele. Es geht um den Aufstieg auf der Karriereleiter und den dadurch erzielbaren sozialen und finanziellen Gewinn. Mit jeder Stufe hoffen wir, unserem persönlichen Glück näherzukommen. Aber macht uns das erfolgreiche Erreichen derartiger Ziele tatsächlich glücklicher?

Diese Frage beantwortete der Wirtschafts- und Sozialwissenschaftler Bruce Headey vom Institut für angewandte Wirtschafts- und Sozialforschung der *Universität Melbourne* im Rahmen einer Studie, bei der er Daten von 30.000 Teilnehmern in 15.000 Haushalten erfasste. So wollte er herausfinden, welchen Einfluss Lebensziele und deren Erreichen auf das persönliche Glücksempfinden, beziehungsweise die persönliche Zufriedenheit, haben.

Headey unterschied zwischen konkurrenzorientierten und nicht-konkurrenzorientierten Zielen. Als konkurrenzorientiert wertet er berufliche Erfolge und das Erreichen eines hohen materiellen Lebensstandards. Bei nicht-konkurrenzorientierten Zielen ging es um Freundschaften, Beziehungen, Familie sowie sozialen und politischen Einsatz.

Heady kam zu einem überraschend deutlichen Ergebnis. Menschen mit konkurrenzorientierten Zielen waren viel weniger zufrieden und glücklich als jene, die für sich altruistische Ziele im Bereich der Freundschaften, Beziehungen, Familien, des Helfens oder des gesamten sozialen und politischen Miteinanders definiert hatten. Dabei ging es wohlgemerkt nicht bloß um den Weg zum Ziel.

Wenn wir altruistische Ziele erreichen, macht
uns das glücklicher, als wenn wir finanzielle
oder Karriereziele erreichen.

Weniger zusätzliches Glück bedeutet nicht Unglück, das sei hier betont. Ein Aufstieg auf der Karriereleiter macht per se nicht unglücklich. Wer sich von der Beförderung jedoch einen nachhaltigen Schub für sein eigenes Glücksempfinden erwartet, wird in den meisten Fällen enttäuscht werden. Denn nach dem Karrieresprung ist vor dem Karrieresprung. Wer solche Ziele formuliert, tritt damit bei seinem Glücksempfinden auf der Stelle.

DAS GLÜCK IM BERUF

Berufliche Ambitionen haben das Potenzial, uns glücklich zu machen. Es ist vielfach belegt, dass Leidenschaft für den Beruf das Glücksempfinden steigert. Bloß sind es weder Karriereschritte noch die Einkommenshöhe, die diese Leidenschaft wecken. Diese Leidenschaft entwickeln wir umso leichter, je eher wir im bereits besprochenen Sinn unsere Signatur-Stärken ausleben und je eher wir in unserem Beruf altruistische Ziele verfolgen.

Bei Gesundheits- und Sozialberufen sind altruistische Ziele automatisch gegeben. Menschen mit solchen Berufen wollen erreichen, dass Patienten gesund werden oder dass es Klienten besser geht. Doch altruistische Ziele lassen sich in allen beruflichen Feldern setzen, denn sie können auch etwas mit Kundenzufriedenheit, Mitarbeiterentwicklung oder Teambildung zu tun haben.

> *Wer in seinem Beruf die Stärken einsetzt,*
> *die er an sich am meisten schätzt, und dabei*
> *altruistische Ziele formuliert, was in jedem*
> *beruflichen Feld möglich ist, für den wird*
> *»Arbeit« eine ganz neue Bedeutung gewinnen.*
> *Sie wird für ihn zu einer Quelle bleibenden*
> *Glücks und nachhaltiger Zufriedenheit. Die*
> *Erfolge, denen andere oft schon halb ausge-*
> *brannt hinterherhetzen, werden sich für*
> *ihn ganz von selbst einstellen.*

LEIDENSCHAFT IM BERUF

Nun stellt sich die Frage, ob zu viel Leidenschaft im Beruf anderen Bereichen unseres Lebens abträglich sein kann. Haben Menschen, die sich beruflich selbstverwirklichen, und deren Arbeit für sie eine Glücksquelle ist, dafür ein reduziertes oder sogar strapaziertes Privatleben? Kommen bei jenen, für die der Job Leidenschaft ist, die Beziehungen zu kurz? Kommen ihre Familie, ihre Freunde zu kurz?

Das wollten auch die Bildungspsychologinnen Mariya Yukhymenko und Gitima Sharma von der *California State University* wissen und zogen zunächst eine wichtige Grenze zwischen harmonischer Leidenschaft und obsessiver Leidenschaft. Was genau meinen sie mit diesen beiden Begriffen?

Die harmonische Leidenschaft ist selbstbestimmt und unabhängig. Sie entsteht aus einer inneren Motivation abseits von Wettbewerbsgedanken. Harmonisch leidenschaftliche Menschen schaffen es, Harmonie zwischen ihrer Leidenschaft und anderen Aspekten ihres Lebens herzustellen.

Obsessive Leidenschaft geht darüber hinaus. Hier geht es um den Wunsch, besser zu sein als andere und dafür Preise und Geld zu gewinnen. Menschen mit obsessiver Leidenschaft gehen oft so sehr in ihrer Aktivität auf, dass andere Bereiche in ihrem Leben an Priorität verlieren.

Die Bildungspsychologinnen Yukhymenko und Sharma erforschten nun, inwiefern diese beiden Arten von Leidenschaft unser Glücksempfinden im Beruf beeinflussen. Harmonische Leidenschaft wirkt sich ihren Ergebnissen zufolge positiv auf unser Glücksempfinden und unsere Lebenszufriedenheit aus. Obsessive Leidenschaft hingegen hat weder positive noch negative Auswirkungen darauf.

Menschen mit harmonischer Leidenschaft schafften es eher, so etwas wie eine Work-Life-Balance aufzubauen, was bei Menschen mit obsessiver Leidenschaft seltener der Fall war. Beide Arten der Leidenschaft bewirken, dass Menschen in ihrer Arbeit einen größeren Sinn und Zweck und eine tiefere Bedeutung sehen. Erstaunlicherweise zeigte sich, dass diese Auswirkung bei harmonischer Leidenschaft stärker und eindeutiger ausgeprägt ist.

Leidenschaft im Beruf kann nie schaden. Wenn
es uns gelingt, sie mit einem intakten Privat-
und Sozialleben zu verbinden, steigert sie unser

*Glücksempfinden durch den tieferen Sinn, den
wir unserem beruflichen Wirken dadurch geben.
Wenn sie von Konkurrenzdenken und dem Be-
dürfnis nach Anerkennung geprägt ist, kann sie
unser Privat- und Sozialleben stark beschränken. Sie macht dann nicht glücklicher,
aber auch nicht unglücklicher.*

Aber was genau ist berufliche Leidenschaft eigentlich? Ab wann nehmen wir unseren Beruf als Leidenschaft wahr und welche Faktoren tragen dazu bei? Die Psychologen Claudia Harzer von der *Universität Greifswald* und Willibald Ruch von der *Universität Zürich* haben das eindeutig festgelegt. Wir müssen mindestens vier unserer Signatur-Stärken einsetzen können, damit wir unseren Beruf auch als Berufung wahrnehmen und eine Leidenschaft für ihn entwickeln können. Wenn also zum Beispiel ein Arbeitgeber die Leidenschaftslosigkeit seiner Mitarbeiter beklagt, sollte er nicht sie, sondern sich selbst hinterfragen. Denn offenbar ist es ihm noch nicht gelungen, sie ihren Stärken entsprechend einzusetzen. Denn klar ist, dass wir nicht immer selbst entscheiden können, ob, wie sehr und wie viele unserer Stärken wir im Beruf einsetzen können. Wir sind dabei auch vom äußeren Rahmen unserer beruflichen Tätigkeit abhängig.

Dieses Thema interessierte die Wirtschaftspsychologen Jan-Emmanuel De Neve, Professor an der *Universität Oxford*, und George Ward vom *MIT*. Sie arbeiteten mit Hilfe von Daten aus dem *European Social Survey*, einer sozialwissenschaftlichen Erhebung, die seit 2002 Meinungen zu sozialen und politischen Themen aus mehr als dreißig europäischen Ländern dokumentiert. Konkret hinterfragten sie, wie sich verschiedene Arbeitsplatzcharakteristiken auf unser Glücksempfinden auswirken.

Das Ergebnis zeigt, dass vor allem Vielfalt am Arbeitsplatz von Vorteil für unser Wohlbefinden ist.

Wer im Job oft neue Dinge lernt und mit neuen Aufgaben konfrontiert ist, ist glücklicher und zufriedener. Nicht nur mit dem Job, sondern auch mit dem Leben generell.

Auch Selbstständigkeit ist wichtig. Wenn wir Kontrolle über verschiedene Aspekte unseres Arbeitsalltags haben, sind wir glücklicher. Außerdem sind wir umso glücklicher, je mehr unser Job uns Raum für Kreativität lässt.

Wie wir unseren Beruf wahrnehmen, hängt auch mit sozialen Aspekten zusammen. Wenn uns unser soziales Umfeld unterstützt, wirkt sich das positiv auf unsere Zufriedenheit aus. Dasselbe gilt für aktives Mitspracherecht im Rahmen von Entscheidungsprozessen.

Zu guter Letzt ergab die Analyse von De Neve und Ward auch, dass sich Möglichkeiten für Beförderungen positiv auf unser Glücksempfinden am Arbeitsplatz auswirken. Eine berufliche Perspektive, wie es oft so schön heißt, ist von Vorteil. Doch ist darauf zu achten, wie diese Perspektive angelegt ist. Hier passieren häufig Fehler. Denn es geht dabei eben nicht um Karrierechancen, sondern um Entwicklungsmöglichkeiten.

Damit wir leidenschaftlich in unserer Arbeit auf-
gehen, sollten wir unsere Stärken kennen und sie
aktiv einsetzen. Wir sollten uns davor hüten, unsere
Leidenschaft an Wettbewerbsgedanken oder an zu
hohe Erwartungen an uns selbst zu knüpfen. Wenn
wir dabei andere Bereiche in unserem Leben aus den
Augen verlieren, lassen auch die positiven Auswir-
kungen der Leidenschaft für den Beruf nach. Sofern
wir die Wahl haben, sollten wir beruflich jene Op-
tionen bevorzugen, bei denen wir neue Dinge lernen,
kreativ sein und selbstständig arbeiten können. Auch
ein Mitspracherecht bei Entscheidungen aller Art
und Möglichkeiten der beruflichen Weiterentwick-
lung fördern unsere Leidenschaft für unsere Arbeit
und können uns glücklicher machen.

Das Rittertum des Don Quijote steht für Berufung und Leidenschaft, für hehre Ziele und ständiges Streben, für die Verwirklichung eines Lebenstraums. All das hatte der Autor Miguel de Cervantes möglicherweise noch gar nicht im Sinn, als er sein Buch um diesen oft als tragisch empfundenen Helden zu schreiben begann. Doch schon bald sollte ihm klarwerden, was er da geschaffen hatte und welche Möglichkeiten sich in der wundersamen Figur des Don Quijote verbargen.

Nach unzähligen Abenteuern kommt es zu einer interessanten Wendung, die auch uns begegnen kann, wenn wir es schaffen, unsere Träume zu leben. Nachdem Don Quijote lange genug an seiner Vorstellung, an seiner eigenen Vision der Wirklichkeit, festgehalten hat, hinterfragen sich die Menschen um ihn herum selbst. Womöglich hat Quijote ja recht. Vielleicht ist er wirklich ein Ritter? Existieren all diese bösen Kräfte, gegen die er kämpft, vielleicht wirklich?

Don Quijote ist jedenfalls ein leuchtendes Beispiel dafür, wie wir unsere Träume Wirklichkeit werden lassen können. Was wir brauchen ist Begeisterung, einen starken Willen, Durchhaltevermögen und vor allem den Mut, uns in neue Abenteuer zu stürzen. Egal, wie oft wir fallen und wie hart wir landen, wir können immer wieder aufstehen. Gelingt uns das, werden wir die Welt um uns herum verändern. Wir werden einen Ort schaffen, an dem wir so sein können, wie wir sein wollen; an dem wir so akzeptiert werden, wie wir wirklich sind. Uns selbst auf diese Weise zu verwirklichen, ist ein Ziel, das zu erreichen uns mit großer Wahrscheinlichkeit nachhaltig glücklich macht.

GLÜCK MIT ANDEREN

Bis hierher haben wir uns mit jenen Aspekten des Glücks beschäftigt, die wir überwiegend selbst in der Hand haben. Unser Umgang mit Enttäuschungen liegt an uns, ebenso unsere Disziplin bezüglich der alltäglichen Glücksübungen, mit denen wir gute Gefühle schaffen. Auch für unsere ökonomische Situation, unsere Selbstfürsorge und unsere persönliche Weiterentwicklung tragen wir selbst die Hauptverantwortung. Im folgenden Abschnitt wenden wir uns nun jenen Aspekten des Glücks zu, die wir gemeinsam mit anderen Menschen erleben können. Hier wird es schwieriger, denn hier haben wir unser Glück nicht mehr allein in der Hand.

Lisa ist gerade volljährig geworden. Sie ist abenteuerlustig und träumt schon seit ihrer Kindheit vom Fallschirmspringen, Paragleiten und Drachenfliegen. Ihre Eltern haben ihr solch gefährlichen Sport bisher verboten. Nun kann sie endlich selbst entscheiden und spart schon für eine entsprechende Drachenflugausrüstung. Außerdem hat Lisa das Glück, mit Mark zusammen zu sein. Er ist genau ihr Typ. Er ist grundehrlich, mutig, scharfsinnig und die Chemie zwischen ihnen stimmt.

Mark hat allerdings Höhenangst und braucht immer festen Boden unter den Füßen. Berge sind nicht seine Sache. Die Vorstellung, sich über einen Abgrund zu stürzen, ist für ihn schrecklich. Deswegen hat er auch Angst um Lisa. Es ist der Stoff seiner Albträume, dass sie zum Sprung ins Leere ansetzt. Durch Berichte über tragische Unfälle bei diesen Freizeitsportarten sieht er sich bestätigt.

Dementsprechend steht er ihrem Traum vom Fliegen ablehnend gegenüber. Immer offener spricht er sich dagegen aus, sobald sie auch nur davon redet, und Lisa versteht seine Sorge. Es wäre sinnlos zu leugnen, dass beim Drachenfliegen Unfälle passieren. Trotzdem bittet sie ihn, an sich selbst zu arbeiten, damit er seine Angst überwindet.

Mark gibt daraufhin zu, dass seine Sorge übertrieben ist. Allerdings kann er nicht aus seiner Haut. Er weiß genau, woher seine Angst kommt. Sein Vater war Bergsteiger und wollte ihn im Alter von drei Jahren gegen Höhenangst abhärten. Also hielt er ihn an beiden Beinen und ließ ihn über den Balkon hinaushängen. Das Resultat dieser höchst problematischen Aktion war genau das Gegenteil dessen, was der Vater bezweckt hatte. Mark hat ein Trauma. Er bekommt heute noch Schwindelanfälle, wenn er an diese Szene zurückdenkt.

Lisa sieht ein, dass es womöglich viele Jahre Therapie brauchen würde, um Mark seine Angst zu nehmen. So machen die beiden in ihrer Freizeit gemeinsame Fahrradausflüge und Waldspaziergänge. Das findet Lisa zwar ganz nett, aber ihr Traum von Freizeitvergnügen sieht anders aus. Es dauert nicht lange, bis sie jede Nacht vom Fliegen träumt.

Mark träumt ebenfalls von ihren Flügen. Er erzählt ihr von seinen Albträumen, in denen sie so unglücklich abstürzt, dass sie fortan nicht nur körperlich, sondern wegen einer Gehirnverletzung auch geistig behindert ist. Lisa ist hin- und hergerissen. Soll sie weiterhin an ihrem unverwirklichten

Traum leiden? Oder soll sie Mark vor den Kopf stoßen und womöglich sogar ihre Beziehung aufs Spiel setzen? Oder soll sie behaupten, das Wochenende mit ihrer besten Freundin zu verbringen und hoffen, dass Mark nicht dahinterkommt, dass sie fliegen geht? Aber was, wenn sie tatsächlich abstürzt? Oder wenn sie sich bei der Landung den Fuß verstaucht? Könnte sie ihm den Flug überhaupt verheimlichen? Oder würde er es spüren? Oder soll sie sich von ihm trennen, bevor sie den ersten Flug unternimmt? Aber würde sie jemals wieder einen Mann finden, der sie wirklich liebt und abgesehen von dieser einen Sache so gut zu ihr passt?

Bald ist Lisa in diesen Widersprüchen so gefangen, dass sie regelrecht grübelt und in eine depressive Stimmung verfällt. Sie weiß, dass sie ihr Dilemma irgendwie lösen muss, wenn sie wieder glücklich werden will. Bloß wie?

BEZIEHUNG

In der Glücksforschung ist seit langem bekannt, dass enge Beziehungen einen wichtigen Einfluss auf unser Glücksempfinden haben. Und zwar sowohl in positiver als auch in negativer Hinsicht. Gelungene Beziehungen machen glücklich. Beziehungen, die nur schlecht funktionieren, machen unglücklich.

Was genau macht eine gelungene Beziehung aus, die unser Glücksempfinden fördert? Der US-amerikanische Psychologe Stephen Drigotas von der *Southern Methodist University* in Dallas sah sich dazu das Beziehungsleben von 63 Studierenden genauer an. Konkret untersuchte er den sogenannten

Michelangelo-Effekt und dessen Wirkung auf die Zufriedenheit innerhalb einer Beziehung.

Die Grundlagen des Michelangelo-Effekts diskutiert die Psychologie bereits seit dem Jahr 1902. Menschen, die einander nahestehen, formen sich gegenseitig in einer Art und Weise, die sie näher an ihr ideales Ich bringen. Dieser Effekt basiert auf laufender gegenseitiger Verhaltensbestätigung. In Partnerschaften ist dieser Effekt am deutlichsten ausgeprägt. Ein Partner reagiert auf eine Handlung des anderen positiv und fördert damit bewusst oder unbewusst manche Verhaltensweisen des anderen. Und umgekehrt.

Wir entsprechen prinzipiell gerne den Erwartungen unseres Partners, weil dessen Bestätigung positiv auf uns zurückwirkt. Mit der Zeit wird das Verhalten, das bei unserem Partner gut ankommt, zur Gewohnheit. Diese Veränderung ist der »Michelangelo-Effekt«. Die Bezeichnung geht auf eine Aussage des Renaissancekünstlers Michelangelo zurück. Er meinte, die ideale Skulptur verberge sich in einem Block aus Stein. Indem wir den Steinblock Stück für Stück bearbeiten und schleifen, kommt irgendwann die Idealfigur zum Vorschein. So wie Michelangelos weltberühmter David.

Der Michelangelo-Effekt ist umso deutlicher, je kompatibler die Partner sind. Wenn die Ideale und das entsprechende Verhalten zweier Partner übereinstimmen, begünstigt das den Michelangelo-Effekt. Das wiederum stärkt die Beziehung und macht beide Partner glücklicher.

Wenn hingegen das Idealbild einer Person von sich selbst und ihr Drang zur Selbstverwirklichung dem Idealbild des Partners widersprechen, wird die Beziehung schwierig.

Das bestätigen auch die Ergebnisse der Studie von Stephen Drigotas.

> *Die Zufriedenheit mit einer Beziehung steigt,*
> *je mehr die Partner in ihren Überzeugungen*
> *übereinstimmen und das Beste voneinander*
> *zum Vorschein bringen. Ist dies der Fall, macht*
> *das glücklich und setzt einen positiven Kreis-*
> *lauf in Gang. Genau den gegenteiligen Effekt*
> *hat es, wenn die Idealvorstellungen der Partner*
> *voneinander abweichen und ihre Selbstver-*
> *wirklichung behindern.*

Anhand der Geschichte von Lisa und Mark können wir nachvollziehen, was beim Scheitern des Michelangelo-Effekts passiert. Es gibt Bereiche der Beziehung, in denen die gemeinsame Selbstverwirklichung wunderbar funktioniert. Schließlich hat es Gründe, warum sich die beiden als Paar gefunden haben.

In dieser, weit verbreiteten, Beziehungssituation, in der keine leichte Trennung möglich ist, steht Lisa vor einem Dilemma: entweder Selbstverwirklichung oder Verzicht, was für sie Enttäuschung bedeutet. Ihren Lebenstraum als Fantasie weiter zu hegen und zu hoffen, dass Mark sich irgendwann überwindet, mündet jedenfalls in laufende Enttäuschung.

Andererseits würde, so ihre durchaus realistische Einschätzung, auf das Glück der Selbstverwirklichung Unglück in der Beziehung folgen, egal ob sie offen den Bruch riskiert oder heimlich fliegt. Das schlechte Gewissen, weil sie Mark belogen hat, würde das Glück der Selbstverwirklichung mindern.

Wie wir es drehen und wenden, alle Verhaltensvarianten führen in die Enttäuschung, wenn eine Beziehung die Selbstverwirklichung eines Partners behindert. Je stärker der Drang zur Selbstverwirklichung, desto größer das potentielle Unglück.

Umso wichtiger ist in einer Beziehung die Frage der Kompatibilität. Denn in den wenigsten Fällen ist der andere Partner »toxisch«, wie es im Fachjargon heißt, also beziehungsunfähig, narzisstisch oder gar psychopathisch, womit er uns zwangsläufig das Leben vermiest. Es sind vielmehr die prinzipiell liebenswerten Charaktere, die für die meisten unglücklichen Beziehungen verantwortlich sind.

Das Unglück mit den liebenswerten Menschen entsteht, weil wir bei der Liebe zu ihnen Glück empfinden. Dieses Glück vergrößert paradoxerweise unser Unglück.

Das Unglück in Beziehungen resultiert meist aus der Zerrissenheit zwischen Selbstverwirklichung und Verlustangst. Wir müssen uns selbst beschneiden, wenn wir den liebenswerten Menschen an unserer Seite behalten wollen. Daraus resultiert ein laufendes Hadern mit unseren unverwirklichten Lebensträumen.

Lisas Traum vom Fliegen steht stellvertretend für alle denkbaren Lebensträume. Besonders im Bereich der Sexualität ist dieses Dilemma weit verbreitet. Allzu oft sind Menschen, obwohl sie einander aus tiefstem Herzen lieben, in ihren sexuellen Begehrensstrukturen unterschiedlich. Die unerfüllten Sehnsüchte nagen teils jahrelang an den Betroffenen, bis sie – auch das ist eine Konsequenz dieses Dilemmas – eine sich bietende Gelegenheit ergreifen und fremdgehen. Mit allen verletzenden Konsequenzen für den anderen Partner.

In dem Dilemma stehen wir jedenfalls immer vor der Frage, ob Zusammenbleiben besser ist oder doch eine Trennung. Droht uns mit der Trennung Einsamkeit oder eröffnen wir uns damit die Chance auf ungetrübteres Glück? Auf diese Fragen gibt es keine klare Antwort. Also leiden wir in unseren Beziehungen in einem oder auch mehreren Punkten vor uns hin und hoffen, dass sich unser Partner irgendwie irgendwann ändert. Das passiert jedoch in den seltensten Fällen. Daher kann der Rat an dieser Stelle nur lauten, dass wir möglichst schon bei der Anbahnung einer Beziehung auf unsere Lebensträume achten.

Die wichtigste Frage bei der Anbahnung einer
Beziehung lautet: Kann ich mit dieser Person
an meiner Seite meine ideale Vorstellung von
mir selbst verwirklichen?

Wir können die Frage auch so stellen: Ist der Michelangelo-Effekt mit dieser Person möglich? Können wir einander in den für uns wichtigen Fragen auch Freiheiten zugestehen, wenn der Michelangelo-Effekt nicht in allen Bereichen möglich ist? Oder gibt es Bereiche, wo unsere Ideale und unser Drang nach Selbstverwirklichung einander so widersprechen, dass wir absehbar in einen unlösbaren Konflikt geraten werden? Wenn die eigene Selbstverwirklichung zu großer Enttäuschung des Partners führt, dann sollten wir uns jedenfalls vor dem Eingehen dieser Beziehung hüten. Denn das kann zur Einsamkeit innerhalb der Beziehung führen.

UNGLÜCKSFAKTOR EINSAMKEIT

Der schlechte Ruf von Einsamkeit ist durchaus begründet. Vor ihr hüten sollten sich sowohl Singles als auch Menschen in Beziehungen. Es ist wissenschaftlich umfassend belegt, wie abträglich die Einsamkeit unserem Glück ist. Besonders eindrucksvoll zeigt das die *Harvard Study of Adult Development* (Harvard-Studie über die Entwicklung von Erwachsenen), die seit mehr als achtzig Jahren das Leben von mittlerweile mehr als 700 Frauen und Männern, unter ihnen einst auch US-Präsident John F. Kennedy, begleitet.

Am Beginn der Studie im Jahr 1938 ahnte noch niemand, was sich Jahrzehnte später aufgrund der jährlichen umfassenden Befragung der Teilnehmer zeigen würde.

Einsamkeit ist mit zunehmender Dauer genau-
so tödlich wie Rauchen oder Alkoholismus.

Der Schlüssel zu gesundem und glücklichem Älterwerden ist eine gute Partnerschaft. Auch Partner, die oft miteinander streiten, können gesünder und glücklicher bleiben, solange folgender Faktor gegeben ist:

> *Partner in einer Beziehung müssen das Gefühl haben, sich im Ernstfall aufeinander verlassen zu können. Diese Geborgenheit durch das unerschütterliche Zueinander-Stehen und das anhaltende Bekenntnis zur Beziehung ist das Gegenteil von Einsamkeit. Das ist laut Forschung einer der wichtigsten Faktoren für anhaltendes Glück.*

Die chinesischen Wirtschaftswissenschaftler Yidong Tu und Shuxia Zhang fanden heraus, wie sich negative Effekte der Einsamkeit am besten ausgleichen lassen. Das Geheimnis heißt hier »Selbstwirksamkeit«.

Darunter verstehen wir die Erwartung, selbst etwas bewirken und auch in komplizierten Situationen selbstständig handeln zu können.

> *Es hilft gegen Einsamkeit, sich herauszufordern und diese Herausforderungen eigenständig zu bewältigen. Damit stärken wir unser Selbstvertrauen und unsere Autonomie, was uns wiederum attraktiver für mögliche Partner macht.*

SEX

Otis Milburn wirkt auf den ersten Blick wie ein ganz gewöhnlicher 16-Jähriger an einer englischen Highschool. Zusammen mit seinem besten Freund Eric, der es als einziger offen schwuler Schüler nicht immer leicht hat, versucht er, unbeschadet durch den schulischen und pubertären Wahnsinn zu kommen.

Ein Umstand unterscheidet Otis jedoch von seinen Altersgenossen. Während seine Schulkolleginnen und Schulkollegen die meiste Zeit an das bestimmende Thema der Jugendzeit denken, an Sex, scheint Otis nicht wirklich Interesse daran zu haben. Warum ist das so?

Otis´ Mutter Jean ist verständnisvoll, offen und setzt auf ungezwungene Erziehung. Gleichzeitig ist sie der Albtraum für jeden jungen Burschen, denn sie ist Sextherapeutin. Während in der Schule über jede zweideutige Pointe verstohlen gekichert wird, ist für Otis Sex in all seinen Formen kein aufregendes Tabu, sondern das Natürlichste der Welt. Das ist auch gut so. Doch Otis befürchtet, dass seine Schulkameraden nicht mit Verständnis, sondern eher mit Spott reagieren werden, wenn sie herausfinden, dass seine Mutter eine bekannte Sextherapeutin und Autorin einschlägiger Ratgeber ist.

Otis weiß also sehr viel über Sex, Erfahrung damit hat er allerdings wenig. Doch bald entdeckt er, dass er mit seinem besonderen Wissen vielen Schülerinnen und Schülern helfen kann. Unterstützt durch seinen Freund Eric sowie Maeve, eine intelligente Außenseiterin aus schwierigen familiären Verhältnissen, bietet er Sex-Beratungen an. Er hilft seinen jungen Klientinnen und Klienten bei so unterschiedlichen, aber immer unangenehmen Problemen wie Erektionsstörungen oder Vaginismus (unwillkürliches Verkrampfen der Beckenbodenmuskulatur rund um die Vagina). Ebenso bei heiklen Themen wie »Slut-Shaming« (Beleidigen einer Frau, die sexuell aktiv ist), Homophobie und ungewollter Schwangerschaft. Im Gegensatz zum Biologieunterricht, in dem ein überforderter Lehrer das Wort »Sex« kaum aussprechen kann, ohne rot zu werden, sorgt Otis für eine *Sex Education*, die unserer Realität im 21. Jahrhundert gerecht wird.

Recht bald schon wird klar, dass es psychologische und soziale Probleme sind, die junge Menschen davon abhalten, eine glückliche, individuelle und schöne Sexualität entwickeln zu können. Und dass eine gesunde Sexualität nur möglich ist, wenn wir uns auch unserer Gefühle bewusst sind.

Während er anderen Menschen hilft, erkennt Otis, dass auch er selbst mit sich kämpft. Denn so verständnisvoll und ruhig er als Sex-Therapeut wirkt, so verkrampft reagiert er, wenn es um seine eigene Sexualität geht. Als er Gefühle für seine Mitschülerin Maeve entwickelt, muss er sich seinen Ängsten stellen.

Es ist wohl keine Überraschung, dass die Wissenschaft bestätigt: Sex tut uns gut. Sex senkt unseren Blutdruck. Durch das Hormon Oxytocin, das wir bei angenehmem Körperkontakt freisetzen, sind wir weniger gestresst. Außerdem fühlen wir uns glücklicher und zufriedener, wenn wir ein ausgeglichenes Sexualleben haben.

Warum Sex uns glücklich macht und welche Rolle Beziehungsaspekte dabei spielen, hat die schweizer Psychologin Anik Debrot untersucht. An einer ihrer Studien nahmen Pärchen teil, die zusammenlebten und bereits mehr als sechs Monate zusammen waren. Zwei Wochen lang mussten sie viermal pro Tag Fragen via Smartphone beantworten. Diese Fragen bezogen sich nicht nur auf ihre sexuelle Aktivität, sondern auch auf liebevolle und zärtliche Momente.

Mehr Sex geht bei Paaren auch mit mehr Zärtlichkeit und Zuneigung einher, so eins der Ergebnisse. Das gilt für Männer und Frauen gleichermaßen und unabhängig davon, ob Pärchen noch relativ frisch verliebt oder schon lange zusammen sind. Die Wissenschaftlerin folgerte, dass der Zusammenhang zwischen Sex und Glück Zuneigung voraussetzt. Bei Sex ohne Zuneigung beschränkt sich die Wirkung dann auf Befriedigung und Spannungsabbau. Erst durch die Zuneigung wird Sex zum Gesamtpaket, das glücklich macht.

Durch Sex entsteht eine intime Verbindung, die über mehrere Stunden hinweg wirkt. Wenn wir kuscheln und emotionale Gespräche führen, bauen wir eine stärkere Bindung zu unserem Partner auf. Das verringert nicht nur das Risiko, dass unsere Beziehung mit der Zeit unglücklicher wird, sondern es fördert auch unser individuelles Wohlbefinden.

Auch der US-amerikanische Psychologe und Verhaltensforscher George Loewenstein von der *Mellon University* in Pittsburgh befasste sich mit dem Zusammenhang zwischen der Häufigkeit von Sex und unserem Glücksempfinden. Seine Studie stellt das Prinzip »je mehr Sex, desto besser« in Frage.

Paare füllten zunächst einen Fragebogen zu ihrem Wohlbefinden und ihrer sexuellen Aktivität aus. Dann unterteilte Loewenstein sie in zwei Gruppen. Die erste Gruppe erhielt keine Instruktionen, sondern musste nur weiterhin die Fragebögen ausfüllen. Die zweite Gruppe hingegen musste aktiv daran arbeiten, mehr Sex als normalerweise zu haben.

Es zeigte sich, dass in der zweiten Gruppe der innere Antrieb, Sex haben zu wollen, durch den wissenschaftlichen Auftrag verloren ging. Leidenschaftlicher Sex wurde durch das Gefühl ersetzt, eine Aufgabe bewältigen zu müssen. Auf die Pärchen der zweiten Gruppe hatte vermehrter Sex daher sogar negative Auswirkungen auf Stimmung und Wohlbefinden.

Dies zeigt, wie stark die Sexualität mit unserem Gefühlsleben zusammenspielt. Mehr Sex zu haben, weil einige Wissenschaftler oder schlaue Bücher wie dieses hier sagen, das würde uns glücklicher machen, wird nicht die gewünschten Ergebnisse bringen. Viel eher sollten wir auf unsere eigenen Bedürfnisse achten. Zwar können wir in unserer Beziehung offen für mehr Sex sein, aber die positiven Effekte zeigen sich erst, wenn wir wirklich in Stimmung sind und Lust auf Sex haben. Sobald wir Sex als Aufgabe oder gar Pflicht ansehen, die wir dem Partner zuliebe erfüllen, geht der Effekt nach hinten los. Wir werden durch Sex unglücklicher, was uns wiederum die Lust auf weiteren Sex nimmt.

DER SEX DER SINGLES

Was bedeutet das alles für Singles? Viele Studien beschäftigen sich mit den Auswirkungen von Sex auf die Zufriedenheit, aber meist analysieren sie Sex in Beziehungen. Es gibt nur wenige Studien, die sich mit Gelegenheitssex befassen. Die US-amerikanischen Psychologen Zhana Vrangalova und Anthony Ong vom *Department of Human Development* der *Cornell University* wollten mehr darüber wissen. Sie interessierte, ob auch schneller *Tinder*-Sex und insgesamt Sex außerhalb einer festen Beziehung glücklich machen kann. Dafür befragte sie Studenten über drei Monate hinweg. Die Fragen bezogen sich auf ...

... die Häufigkeit von Gelegenheitssex, auf One-Night-Stands genauso wie auf gelegentlichen Sex mit Bekannten oder Freunden,
... auf die Anzahl unterschiedlicher Sex-Partner,
... auf generelles Glücksempfinden beziehungsweise Wohlbefinden und
... auf die soziosexuelle Orientierung der Teilnehmer. (Hier ging es darum, ob die Teilnehmer grundsätzlich mehr oder weniger offen für Sex außerhalb einer Beziehung waren.)

Es stellte sich heraus, dass Gelegenheitssex ohne feste Beziehung bei bis zu achtzig Prozent der Studierenden üblich ist. Gelegenheitssex hat durchschnittlich gesehen keine besondere Auswirkung auf unser Glücksempfinden. Allerdings fielen Vrangalova und Ong ein interessantes Detail auf. Für Teilnehmer, die auf soziosexueller Ebene uneingeschränkt, also sehr offen für Gelegenheitssex waren, hatte Gelegenheitssex tatsächlich positive Auswirkungen. Diese Teilnehmer hatten nach Gelegenheitssex weniger Kummer und verstärkt gute Gefühle. Sie waren auch zufriedener mit ihrem Leben und hatten ein höheres Selbstwertgefühl. Auf soziosexuelle restriktive Menschen hingegen hatte Gelegenheitssex weder positive noch negative Auswirkungen.

Den Zusammenhang von Sexualität, Wohlbefinden und sozialen Faktoren behandelt eine Studie des US-amerikanischen Soziologen Tim Wadsworth von der *University of Colorado*. Diese Studie deutet darauf hin, dass mehr Sex uns nur bis zu einem gewissen Schwellenwert glücklicher macht.

Dieser Schwellenwert liegt bei einmal Sex pro Woche. Haben wir öfter als einmal pro Woche Sex, steigert sich unser Glücksempfinden nicht mehr weiter. Es schadet allerdings auch nicht, noch mehr Sex zu haben.

Spannend an Wadsworth´ Studie ist außerdem, dass sie auch den Einfluss der sexuellen Aktivität von Bezugsgruppen behandelt.

Haben wir öfter Sex als die Menschen in unserer Umgebung, dann sind wir glücklicher. Über je mehr Sex uns andere Menschen berichten, desto unglücklicher sind wir.

Etwas beunruhigend ist die Studie des klinischen Epidemiologen Peter Ueda vom *Karolinska Institut* in Stockholm, durchgeführt mit Kollegen aus Japan, England und den USA, auf Basis des US-amerikanischen *General Social Survey*. In den Jahren 2000 bis 2018 hat die sexuelle Aktivität von Erwachsenen in der Altersgruppe der 18- bis 44-Jährigen in den USA deutlich abgenommen. Dieses Forschungsergebnis könnte auf einen ähnlichen Trend in anderen westlichen Ländern hindeuten. Bei der genannten Altersgruppe scheint Sex an Bedeutung zu verlieren. Und das obwohl Plattformen wie *Tinder* ein aktives Sexleben einfacher denn je machen. Ueda sieht in dieser rückläufigen Sexualität potenzielle negative Auswirkungen auf Gesundheit und Psyche der jüngeren Generationen.

Das Fazit aus den Studien an der Schnittstelle von Glück und Sexualität lautet in etwa so:

> *Sexualität ist eine höchst individuelle und*
> *mit der persönlichen Gefühlslage verbundene*
> *Angelegenheit. Wir sollten uns dabei nicht mit*
> *anderen vergleichen. Das Wichtigste ist, dass*
> *wir beim Sex auf unsere eigenen Bedürfnisse*
> *genauso wie auf jene unseres Partners achten.*

Genau diese Erfahrung macht auch Otis, der Held der 2019 erstmals ausgestrahlten, und inzwischen in zwei Staffeln mit insgesamt 16 Folgen vorliegenden, Serie *Sex Education*. Manchmal, so sagt er einem Mitschüler in einer dramatischen Szene, lieben die Menschen, die wir lieben, uns nicht zurück. Das kann sehr hart sein, aber wir müssen es akzeptieren. Liebe und der Weg in eine beglückende Sexualität beginnen nicht bei einem anderen Menschen, sondern bei uns selbst.

Das bedeutet auch, dass Sex kein Tabu mehr sein darf und wir uns für unsere Sexualität nicht zu schämen brauchen. Wenn wir die Scham ablegen und unsere Sexualität reflektieren, ist es auch leichter, einen Partner zu finden, der weitgehend komplementäre sexuelle Bedürfnisse hat. Gelingt uns das, dann werden wir eine befreiende Sexualität erleben, die uns glücklich macht und unser Wohlbefinden steigert.

Du bist wer du bist«, sagt Otis, angenehm reflektiert für einen 16-Jährigen. »Und das kann dir niemand nehmen.«

Wer sich nicht verstellt, hat bessere Chancen, einen passenden Menschen zu finden und gemeinsam mit ihm aus dem Sex ein Maximum an Glück herauszuholen.

KÖRPERLICHE BERÜHRUNG

Wer aus welchen Gründen auch immer zeitweilig oder längerfristig kein Sexualleben hat, sollte sich umso mehr um andere körperliche Berührungen bemühen.

Es ist wissenschaftlich belegt, dass Menschen, die täglich fünf andere Menschen umarmen, signifikant glücklicher sind. Schon das wiederholte Streicheln am Arm führt zur Ausschüt-

tung des Kuschelhormons Oxytocin.
Auch Massagen bewirken hier
einiges. Nachweislich schüttet unser Nerven-
system dabei Serotonin aus, was uns
gelassener und friedlicher macht.

Wer keine Verwandten oder andere Menschen in seinem Umfeld hat, die regelmäßige körperliche Berührungen ermöglichen, kann einen ähnlichen Effekt auch mit Haustieren erzielen. Die körperliche Nähe zu Tieren führt nachweislich ebenfalls zur Ausschüttung von Oxytocin. Ähnlich wie bei Kindern ist es jedoch auch bei Tieren so, dass zeitliche und finanzielle Belastungen und Sorgen den positiven Effekt des Haustiers zunichtemachen oder sogar ins Gegenteil verkehren können. Ein Haustier sollte sich also nur anschaffen, wer wirklich genug Zeit und Platz für das Tier hat und sich Futter, Tierarztrechnungen und alles Drumherum leisten kann.

Eine japanische Forschergruppe rund um den Biotechnologie-Experten Miho Nagasawa fand heraus, dass aufgrund der langen gemeinsamen Evolution von Menschen und Hunden sogar das wechselseitige In-die-Augen-Schauen zur vermehrten Ausschüttung von Oxytocin führt. Dieser Effekt ließ sich mit gezähmten Wölfen nicht erzielen, obwohl die Wölfe ihrem Besitzer genauso vertraut waren wie die Hunde.

KINDER

Kinder sind das größte Geschenk von allen, heißt es oft. Allerdings wissen wir auch, dass speziell die Trotzphase und Pubertät Eltern einiges abverlangen können. Dazu kommen alle möglichen Kinderkrankheiten, Probleme in der Schule, Gefahren im Straßenverkehr und so weiter. Kurz: Eltern haben viele Sorgen, die Menschen ohne eigene Kinder nicht haben.

Daher stellt sich die Frage, wie es um das mit Elternschaft einhergehende Glücksempfinden wirklich bestellt ist. Macht es uns wirklich glücklicher, wenn wir Kinder haben? Diese Frage beantwortet eine Studie unter der Leitung des Sozialforschers Mikka Myrskylä am *Max-Planck-Institut für demografische Forschung* in Rostock. Er und seine Kollegen beobachteten Eltern vor und nach der Geburt ihrer Kinder und kamen zu interessanten Ergebnissen.

> *Das subjektive Wohlbefinden steigt in den Jahren rund um die Geburt des ersten Kindes. Danach sinkt es wieder auf das Niveau vor der Geburt. Außerdem nimmt das Glücksempfinden in den Monaten vor der Geburt zu.*

Interessanterweise spielen soziodemografische Faktoren hier eine starke Rolle. Frauen mit hohem Bildungsgrad und jene, die erst im höheren Alter Kinder bekommen, reagieren besonders positiv auf die Geburt des ersten Kindes. Auch die Geburt eines zweiten Kindes verbessert das subjektive Glücksempfinden. Ab dem dritten Kind ist das nicht mehr der Fall. Die Glücksforschung kann den aufgrund seiner sprachlichen Besonderheit berühmten Ausspruch von Martin Luther also strenggenommen nur bei zwei Kindern bestätigen.

Elternschaft hat langanhaltende positive Effekte auf die Zufriedenheit der Eltern, fand der Ökonom Matthias Pollmann-Schult heraus. Dieser Zufriedenheit würde jedoch der zeitliche und finanzielle Aufwand für jedes Kind gegenüberstehen. Die Auswirkungen dieses Aufwandes variieren je nach Alter, Anzahl der Kinder, Familienstand und den Beschäftigungsverhältnissen der Eltern.

Kinder zu bekommen und zu haben, macht uns also sehr wohl glücklich. Aber je nach sozioökonomischer Lage können allerlei Sorgen diese Freude entscheidend dämpfen. Insgesamt ist das Glücksniveau von Eltern und Menschen ohne Kinder in etwa gleich hoch.

FREUNDSCHAFT

Freunde sind für viele Menschen gerade in Zeiten aufbrechender familiärer Strukturen so etwas wie eine zweite oder eine Ersatzfamilie. Sie helfen bei Kummer und Sorgen, bringen uns zum Lachen und bereiten uns Freude und machen uns glücklich. Soziologen der *Universität Utrecht* in den Niederlanden beschäftigten sich damit, wie sich die Charakteris-

tiken von Freundschaftsgruppen auf das individuelle Glücksempfinden beziehungsweise die individuelle Zufriedenheit
auswirken. Auf Basis des *General Social Survey of Canada* konnten sie aufschlüsseln, was wir alle empfinden.

*Je häufiger der Kontakt, je höher die Anzahl
unserer Freunde und je diverser der Freundeskreis ist, desto höher ist unser soziales Vertrauen, desto besser ist unser Gesundheitszustand und desto weniger Stress empfinden wir.
Außerdem erhöhen die Anzahl der Freunde und
die Häufigkeit des Kontakts die Chance, Hilfe zu
erhalten, wenn wir sie benötigen. Diese Vorteile
von Freundschaften erhöhen wiederum das individuelle Glücksempfinden, das bei regelmäßigem
Kontakt besonders stark ausgeprägt ist.*

Für ein glückliches Leben ist es also wichtig, Freundschaften zu schätzen und zu pflegen, egal ob bei Treffen von Angesicht zu Angesicht oder über Telefon und Internet. Die
Zeit, die wir in Freunde investieren, macht sich immer bezahlt. Nicht nur, wenn wir selbst Hilfe benötigen, sondern
auch im Alltag. Die genannte Studie liefert Gründe genug,
vor dem Fernsehabend ein kurzes Telefonat einzuschie-
ben oder die nächste Mittagspause zu zweit statt alleine zu
verbringen.

NETZWERKE DES GLÜCKS

Wie viel die Wissenschaft zum Thema Glück noch zu entdecken hat, zeigt sich an einer in ihrer Art wohl einzigartigen amerikanischen Studie über Herzerkrankungen. Sie läuft seit mehr als sieben Jahrzehnten in der Kleinstadt Framingham westlich von Boston. Begonnen haben Forscher damit im Jahr 1948 mit 5.209 Testpersonen. Deren Kinder bezog die nächste Forschergeneration ab dem Jahr 1971 mit ein und ab dem Jahr 2002 waren die Enkelkinder an der Reihe. Mittlerweile erstreckt sich das Unterfangen also über drei Generationen.

Die Forscher fragten und fragen die Testpersonen dabei regelmäßig auch nach ihrer psychischen Befindlichkeit. Blicken sie hoffnungsvoll in die Zukunft? Sind sie glücklich? Genießen sie das Leben und fühlen sie sich genauso wohl wie andere Menschen auch?

Durch diese und andere Fragen wollen die Forscher den Ursachen für Herzkrankheiten auf die Spur kommen. Die Antworten lassen sich aber auch für andere Forschungszwecke nutzen, etwa für die Glücksforschung. So leiteten die Professoren James Fowler und Nicholas Christakis eine interdisziplinäre Zusammenarbeit des *Instituts für Politikwissenschaft* an der *University of California* in San Diego und der *Harvard Medical School* in Cambridge, Massachusetts. Das Forschungsteam wertete die auf das Thema Glück bezogenen Antworten von 5.124 Personen über einen Zeitraum von zwanzig Jahren (1983 bis 2003) aus. Sie wollten herausfinden, ob und wie sich Glück in sozialen Netzwerken verbreitet.

Die 5.124 untersuchten Studienteilnehmer hatten insgesamt 53.228 soziale Verbindungen zu Familienmitgliedern, Freunden und Arbeitskollegen, die ebenfalls Teilnehmer an der Langzeit-Studie waren. Darüber hinaus markierten die Forscher auch die Wohnungen der Testpersonen auf Landkarten. Damit bestimmten sie, wie weit entfernt voneinander die Teilnehmer wohnten. So konnten sie Nachbarschaftsbeziehungen eingrenzen.

Glück, neutrale Befindlichkeit und eher depressive Stimmung verteilen sich in großen sozialen Netzwerken nicht beliebig oder chaotisch, lautete eines der Ergebnisse. Vielmehr ergab die Datenauswertung Kulminationspunkte. Es gab glückliche Freundesnetzwerke, ebenso solche mit neutraler Befindlichkeit und solche mit schlechter Stimmung. In der grafischen Darstellung waren regelrechte Trauben des Glücks sichtbar.

Wirklich ansteckend scheint unter allen Stimmungslagen nur das Glück zu sein. Wenn unsere Freunde glücklich sind, dann ist auch unsere Chance deutlich höher, selbst glücklich zu sein. Umso mehr, je näher die Freunde wohnen. Die Chance auf Glücks-Ansteckung steigt um 25 Prozent, wenn die betreffenden Freunde in einem Umkreis von 1,6 Kilometern wohnen.

Glückliche Nachbarn von nebenan, mit denen wir freundschaftlich verbunden sind, erhöhen die eigene Chance auf Glück sogar um 34 Prozent. Dieser Effekt zeigte sich nur bei den nächsten Nachbarn sowie bei Freunden und Geschwistern in der Nachbarschaft. Bei sonstigen Bekannten in der Nachbarschaft gab es keinen signifikanten Effekt. Glückliche Arbeitskollegen, sofern sie nicht gleichzeitig auch Freunde sind, haben ebenfalls keinen signifikanten Einfluss auf das eigene Glücksgefühl. Glückliche Personen desselben Geschlechts wiederum haben größere Auswirkungen auf das eigene Glück. Deutlich geringer, aber immer noch signifikant, ist der Einfluss der Partnerschaft. Ein glücklicher Lebenspartner (meist vom anderen Geschlecht) erhöht die Chance, glücklich zu sein, durchschnittlich um acht Prozent.

Besonders erstaunlich ist dabei, dass sich unser Glück auch auf die Freunde unserer Freunde auswirkt.

Wenn wir glücklicher sind, sind nicht nur unsere Freunde glücklicher, sondern auch deren Freunde, mit denen wir selbst gar nicht in sozialer Beziehung stehen. Und umgekehrt: Menschen, die wir womöglich nicht einmal kennen, haben einen maßgeblichen Einfluss auf unser Glück, wenn sie mit unseren Freunden befreundet sind. Glück verbreitet sich also netzwerkartig vorzugsweise unter direkten Nachbarn und in Freundeskreisen.

Für Unglück gilt das alles nicht. Wenn ein Mensch in eine schlechtere Stimmung kippt, wirkt sich das auf das Glücksniveau in seinem sozialen Netzwerk kaum aus. Die Studie rät also nicht dazu, depressive Personen zu meiden. Sie rät dazu, möglichst viele glückliche Menschen um sich zu scharen.

Menschen, die eher im Zentrum ihres jeweiligen Beziehungsnetzwerkes stehen, sind tendenziell glücklicher als Menschen, die eher am Rand stehen, also weniger soziale Kontakte und weniger Freunde haben, mit denen sie gut vernetzt sind. Eine Zunahme des Glücks eines Menschen führt nicht automatisch dazu, dass sich seine Stellung in seinem sozialen Netzwerk verändert.

Dass Glück ansteckend ist, ist anhand von unmittelbaren Kontakten längst bewiesen. Neu ist, dass die Ansteckung über die unmittelbaren Kontakte hinausreicht. Wie sich die Glücksgefühle über mehrere Menschen hinweg verbreiten, ist noch unklar.

Die Studie zeigt, dass sich die beschriebenen kleinen Glücksnetzwerke mehr als ein halbes Jahr halten können. Selbst nach einem Jahr sind sie noch nachweisbar, danach lösen sie sich wieder auf.

Das zeigt, was wir an anderer Stelle in diesem Buch schon gesehen haben.

Glück ist keineswegs flüchtig, vielmehr kann es in Etappen von mehreren Monaten relativ stabil empfunden werden. Danach tritt etwas ein, das Forscher einen hedonistischen Gewöhnungseffekt nennen. Was wir bis dahin als Glück erlebt haben, verliert seine Besonderheit, weshalb unsere Stimmung ohne neue Glückserfahrungen wieder auf ein neutrales Niveau zurückfällt.

Diese sich über sieben Jahrzehnte erstreckende und eigentlich dem Thema Herz gewidmete Studie regt dazu an, Glück nicht nur als individuelles Phänomen zu begreifen, das einzelne Menschen unterschiedlich betrifft.

Wir sollten lernen, Glück als etwas zu denken, das über uns hinausreicht und unser soziales Umfeld gleichsam ansteckt. Wenn wir nur auf uns selbst achten und wegschauen, wenn es unseren Freunden und Nachbarn schlecht geht, dann verspielen wir einen sozialen Schub für unser eigenes Glück. Wenn wir hingegen darauf achten, dass es den Menschen um uns herum möglichst gut geht, steigern wir indirekt auch unsere eigenen Chancen auf Glücksgefühle. Ebenso tragen wir zum Glück unseres Umfeldes bei, wenn wir unsere eigene glückliche Grundstimmung hegen und pflegen. Glück ist deshalb nicht nur eine persönliche, sondern auch eine soziale und zutiefst politische Angelegenheit.

BEGEGNUNGEN

Die Menschen, denen wir tagtäglich begegnen, lassen sich in vier Gruppen einteilen: Die erste und größte Gruppe bilden jene, denen wir mehr oder weniger zwangsläufig beruflich oder im öffentlichen Raum begegnen. Das sind im Wesentlichen Fremde, denen wir neutral gegenüberstehen. Die zweite und hoffentlich kleinste Gruppe bilden jene Menschen, denen wir aus welchen Gründen auch immer negativ gegenüberstehen und denen wir lieber nicht begegnen. Dann gibt es noch zwei Gruppen von Menschen, denen wir positive Gefühle entgegenbringen und denen wir daher gerne begegnen. Die dritte Gruppe bilden unsere Geliebten und engeren Freunde, unsere Vertrauten. Die vierte Gruppe bilden unsere sonstigen Bekannten, zu denen wir nur lose Beziehungen unterhalten. Das sind Menschen, die wir zwar kennen, aber nicht gut, die eher am Rande unseres sozialen Netzwerks stehen. Auf der Straße grüßen wir sie freundlich. Wir würden sie als mit uns befreundet bezeichnen. Aber wir würden uns ihnen nicht ohne weiteres anvertrauen.

Dass es uns glücklich macht, unseren Vertrauten zu begegnen, steht außer Zweifel. Das hat die Glücksforschung eindeutig belegt. Aber welche Effekte haben Begegnungen mit Menschen, mit denen wir uns nur lose verbunden fühlen?

Gillian Sandstrom und Elizabeth W. Dunn vom *Department für Psychologie* der *University of British Columbia* in Vancouver, auf deren sozialpsychologische Arbeit wir uns in diesem Buch bereits im Zusammenhang mit dem Schenken bezogen haben, haben lose Bekanntschaften untersucht.

Zu diesem Zweck gaben sie rund fünfzig Studenten einen Klicker mit zwei Knöpfen. Auf den roten Knopf sollten sie klicken, wenn sie einen guten Freund trafen. Auf den schwarzen, wenn sie einen Bekannten trafen. Dabei spielte es keine Rolle, wie lange sie mit der jeweiligen Person interagierten, ein beiläufiger Gruß reichte schon als Voraussetzung für einen Klick. Am Ende des Tages mussten die teilnehmenden

Studenten ihre Befindlichkeit bezüglich Glück und Zugehörigkeit einschätzen.

Nicht nur jene, die öfter am Tag gute Freunde trafen, waren am Ende des Tages glücklicher, sondern auch jene, die öfter am Tag beiläufige Bekannte trafen. Für eher introvertierte Menschen war dieser Effekt sogar noch stärker als für extrovertierte. Am stärksten war der Effekt bei jenen, die generell wenige Menschen trafen.

Am Abend sind wir umso glücklicher, je mehr Freunde und Bekannte wir tagsüber getroffen haben. Für einsame Menschen können auch wenige flüchtige Begegnungen auf der Straße einen Unterschied machen. Denn Begegnungen mit Menschen, die wir zu unserem Bekanntenkreis zählen, geben uns ein Gefühl der Zugehörigkeit. Das macht glücklich.

Wir sollten daher den Wert auch von beiläufigen Bekanntschaften nicht unterschätzen. Ein freundliches Nicken auf der Straße, ein paar Worte über das Wetter oder das allgemeine Befinden, das alles kann unser Glück schon steigern. Es müssen nicht immer tiefgründige Gespräche über Gott und die Welt sein. Die Kellnerin aus unserem Stammcafé, mit der wir uns nur beiläufig unterhalten, die anderen Teilnehmer unseres Yoga-Kurses, mit denen wir kurz Small-talken, ein Schulkollege aus alten Tagen, den wir zufällig auf der Straße treffen – all diese Menschen haben mehr Einfluss darauf, wie glücklich wir sind, als wir denken, auch wenn sie scheinbar keine große Rolle in unserem Leben spielen.

Daran anschließend stellt sich folgende Frage: Wenn Begegnungen auch mit losen Bekannten glücklich machen, warum sind wir dann nicht offener gegenüber Fremden? Wir haben tagtäglich unzählige Gelegenheiten, mit Menschen in Kontakt zu kommen und dadurch glücklicher zu werden. Warum nutzen wir diese Gelegenheiten nicht? Einfach, indem wir ein Gespräch beginnen, können wir aus Fremden lose Bekannte machen. Besonders augenscheinlich sind diese Gelegenheiten in öffentlichen Verkehrsmitteln oder in Warteräumen. Es gibt viele Orte, wo wir eigentlich nichts anderes zu tun haben, als mit unserem Handy zu spielen. Dort vergeuden wir Chancen auf zusätzliches Glück. Wir könnten auf andere Menschen zugehen. Stattdessen neigen wir dazu, die meisten Menschen im öffentlichen Raum zu ignorieren, nur weil sie nicht zu unserem Bekanntenkreis zählen. Warum tun wir das, obwohl wir mit einem gegenteiligen Verhalten unser Glück erhöhen könnten? Warum ist der Mensch als eines der sozialsten Wesen auf diesem Planeten in vielen Situationen so unsozial? Warum erscheint uns angesichts der Möglichkeit der Herstellung eines Kontakts zu Fremden die Einsamkeit als bessere Wahl?

Diese Fragen stellte sich auch ein Team unter der Leitung der Verhaltensforscher Nicholas Epley und Juliana Schroeder von der *Booth School of Business* der *Universität Chicago*. Die Forscher führten dazu mehrere Experimente durch. So etwa warben sie Pendler in Zügen und Bussen als Teilnehmer an und trugen ihnen auf, mit Fremden in Kontakt zu treten. Dabei stellte sich heraus, dass Begegnungen auch über größere soziale Schwellen hinweg glücklich machen.

Weiße beispielsweise hatten vorher gedacht, sie würden positiver gestimmt sein, wenn sie mit anderen Weißen reden. Sie hatten jedoch genau dieselben positiven Gefühle, wenn sie mit Schwarzen in Verbindung kamen. Generell dachten die Testpersonen, sie würden das In-Kontakt-Treten als negativ erleben, das Einsam-Bleiben hingegen als positiv. Es war jedoch genau das Gegenteil der Fall. Einsam zu bleiben, stellte sich als deutlich schlechtere Verhaltensvariante heraus.

Auch Kontakte zwischen Menschen verschiedenen Geschlechts untersuchten die Forscher. Vorweg hatten die Testpersonen die Erwartung, dass eine Begegnung mit dem eigenen Dating-Partner sie glücklicher machen würde, als eine Begegnung mit einem fremden Mann, beziehungsweise einer fremden Frau. Es stellte sich jedoch heraus, dass beide Begegnungen gleichermaßen das Glücksgefühl erhöhten.

Doch warum fällt es uns so schwer, mit Fremden in Kontakt zu treten, obwohl es uns glücklicher machen würde? Es gibt zwei Hauptgründe dafür: Fremde in Ruhe zu lassen entspricht in den meisten Alltagssituationen der sozialen Norm. Außerdem erwarten wir zumeist Zurückweisung von Fremden, wenn wir sie ansprechen.

Um das zu erhärten, untersuchten die Forscher auch soziale Situationen, in denen diese soziale Norm nicht gilt und wir üblicherweise keine Zurückweisung fürchten müssen. Wenn wir etwa ein Taxi nehmen, gilt es als angemessen, mit dem Fahrer zu sprechen. Es gilt gleichermaßen als angemessen, zu schweigen. Von einem Taxifahrer erwarten wir üblicherweise keine Zurückweisung, wenn wir ein Gespräch eröffnen. Im Taxi-Setting sind also alle sozialen Hindernisse ausgeschaltet. Auch bei Taxifahrten ergab die Studie, dass Fahrgäste, die den Kontakt zum Fahrer suchten, danach glücklicher waren.

Es würde uns und unser soziales Umfeld glücklicher machen, wenn wir die allgemeine Gepflogenheit, Fremde möglichst zu ignorieren und in Ruhe zu lassen, überwinden. Bei der Anbahnung eines Gesprächs brauchen wir ein wenig Mut und Selbstüberwindung. Aber mit Respekt und Höflichkeit gegenüber der fremden Person lässt sich deren wahrscheinliche Verwunderung über die Kontaktaufnahme ebenso wahrscheinlich überwinden. Es ist ja für einen guten Zweck.

DAS VERHÄNGNIS DES SOZIALEN VERGLEICHS

Wir Menschen sind soziale Wesen. Dazu gehört es auch, dass wir uns mit anderen vergleichen. Sobald wir jemanden wahrnehmen, suchen wir unwillkürlich nach Ansatzpunkten für einen Vergleich. Es beginnt mit äußerlichen Kriterien, wie Ausstrahlung, Schönheit, Körperbau, Sportlichkeit, Gepflegtheit, zur Schau getragenem Wohlstand und so weiter. Wenn wir mit der Person in näheren Kontakt treten, vergleichen wir nach inneren Kriterien, wie Sympathie, Intelligenz, Humor, Wortgewandtheit oder etwa Mut. Diese Vergleiche auf allen möglichen Ebenen passieren bewusst oder unbewusst, ganz unabhängig davon, ob wir die Person gut kennen oder gar nicht. Was das nun alles mit der Glücksforschung zu tun hat? Mehr, als uns lieb sein kann.

Was würde passieren, wenn wir Sportler vor die Wahl stellen: Silber- oder Bronzemedaille? Aus sportlicher Perspektive ergibt diese Frage natürlich keinen Sinn. Die Antwort liegt auf der Hand. Aber wie sieht es aus der Perspektive der Glücksforschung aus? Victoria Medvec, Psychologin an der *Cornell University*, ging von folgender These aus: Glück hängt nicht nur von objektiven Erfolgen ab, sondern auch davon, wie wir diese Erfolge wahrnehmen und wie wir uns im Vergleich zu anderen sehen.

Sie analysierte für eine Studie zu diesem Thema Videomaterial von den Olympischen Sommerspielen 1992. Ihre Probanden mussten sich verschiedene Videos ansehen und beurteilen, wie glücklich die jeweils Zweit- oder Drittplatzierten aussahen.

Das erste Video war ein Zusammenschnitt aus Sequenzen, in denen die Sportler unmittelbar von ihrer Platzierung erfuhren. Es zeigte, wie Schwimmer den Beckenrand berührten, Läufer die Ziellinie überschritten oder Weitspringer unmittelbar nach ihrem Sprung den Kopf wieder hoben. Das zweite Video zeigte Sequenzen der gleichen Sportler auf Siegespodesten, als sie die Medaillen erhielten.

Die Teilnehmer der Studie waren keine Sportfans, sondern eher desinteressiert. Damit wollten die Forscher Vorwissen und Begeisterung als Aspekt bei der Bewertung ausschließen. Außerdem sahen sie die Videos ohne Ton, sodass auch die Kommentatoren und der Jubel des Publikums keinen Einfluss auf sie hatten.

Das Ergebnis zeigte, dass die Gewinner der Bronzemedaillen zumeist deutlich glücklicher aussahen als die Silbermedaillen-Gewinner. Laut der Videoanalyse strahlten sie das nicht nur aus, unmittelbar nachdem sie das Ergebnis erfahren hatten, sondern auch später auf dem Siegerpodest.

Im ersten Moment erscheint das erstaunlich. Doch die Wissenschaftler haben eine Erklärung dafür. Die Silbermedaillen-Gewinner sind von ihrem ganz großen Ziel, der olympischen Goldmedaille, nur einen Schritt entfernt. Sie vergleichen sich vor allem mit den Erstplatzierten. Sich mit dem Bronzemedaillen-Gewinner zu vergleichen, macht sie nicht viel glücklicher, da sie im Endeffekt in derselben Position sind. Beide haben eine Medaille gewonnen, aber keiner von ihnen hat im Wettbewerb gesiegt. Die Bronzemedaillen-Gewinner hingegen, so die Erklärung, vergleichen sich eher mit allen anderen, die es nicht aufs Podest geschafft haben. Der Unterschied zwischen offiziell geehrten Dritt- und nicht mehr genannten Viertplatzierten sowie allen weiteren ist größer. Daher waren die Drittplatzierten glücklicher.

In einer zweiten Studie gingen die Wissenschaftler weiter in die Tiefe. Dazu analysierten sie Videos von Interviews nach den Wettkämpfen. Sprachen die Silbermedaillen-Gewinner wirklich mehr darüber, dass sie gerade nicht gewonnen haben? Und die Bronzemedaillen-Gewinner darüber, dass sie es immerhin aufs Podest geschafft haben? Die Analyse zeigt: Die Aussagen der Silbermedaillen-Gewinner lauteten eher: »Ich habe fast ...«. Die Gewinner der Bronzemedaille hingegen formulierten eher: »Ich habe zumindest ...«

Dass hinter diesen Erkenntnissen ein übertragbares Prinzip steckt, zeigte der britische Psychologe Christopher Boyce von der *University of Warwick*. Er befasste sich nicht mit der kleinen Gruppe olympischer Medaillengewinner, sondern mit einem Thema, das wesentlich mehr Menschen betrifft: mit dem Zusammenhang zwischen Einkommen und Position innerhalb von Unternehmen und wie sich Arbeitskollegen untereinander vergleichen.

Wie glücklich die einzelnen Mitarbeiter mit ihrem Gehalt sind, hängt seinen Erkenntnissen zufolge nicht von dessen Höhe in absoluten Zahlen ab. Die Wissenschaftler fanden vielmehr heraus, dass unser Glücksempfinden eher damit zusammenhängt, wie viel wir im Vergleich zu anderen verdienen. Wenn wir mehr verdienen als unsere Kollegen, sind wir glücklicher. Wenn es hingegen viele Kollegen gibt, deren Einkommen über unserem liegt, sind wir unglücklicher.

Auch die US-amerikanische Wirtschaftsprofessorin Sara Solnick von der *University of Vermont* beschäftigte sich mit sozialen Vergleichen. Sie zeigt, wie weit unsere Gedanken und Handlungen gehen können, wenn wir uns mit anderen vergleichen. Die Teilnehmer ihrer Studie mussten sich für eine von zwei vorgegebenen Optionen entscheiden:

Option A: Ihr Jahreseinkommen beträgt 50.000 Dollar, das ihrer Kollegen 25.000 Dollar.

Option B: Ihr Jahreseinkommen beträgt 100.000 Dollar, das ihrer Kollegen 200.000 Dollar.

Obwohl sie bei Option B das Doppelte verdienen würden, bevorzugte knapp mehr als die Hälfte der Teilnehmer Option A. Auch bei Auswahlmöglichkeiten zu Bildung oder Attraktivität waren die Ergebnisse ähnlich. Die Mehrheit der Teilnehmer lehnte positivere Bedingungen ab, wenn sie gleichzeitig im Vergleich zur Gruppe schlechter gestellt waren.

> *Unser Glück ist eingebettet in ein soziales Gefüge. Wir empfinden Glück oft abhängig von unserem Verhältnis zu anderen Menschen. Wir wollen mindestens genauso gut, wenn nicht besser, jedoch keinesfalls schlechter dastehen als unser unmittelbares Umfeld.*

Sich diesen Automatismus immer wieder bewusst zu machen, kann uns dabei helfen, glücklicher zu werden. Wenn wir uns das nächste Mal bei einem Anflug von Neid ertappen, sollten wir uns sagen: Stopp! Solche Vergleiche führen in die falsche Richtung. Besser wäre es, wenn wir uns darüber freuen, dass es anderen Menschen in unserem Umfeld augenscheinlich gerade besonders gut geht.

SOZIALE MEDIEN

Ein bedeutender Teil unseres Verhältnisses zu anderen Menschen hat sich in den vergangenen Jahren auf eine ganz neue Ebene verlagert. Begegnungen im virtuellen Raum sind mittlerweile genauso selbstverständlich wie Begegnungen im Alltag. *Facebook* hat mittlerweile weltweit mehr als 2,7 Milliarden Nutzer. Tendenz weiter steigend.

Allerdings kommt die neue *Facebook*-Kundschaft vor allem aus Asien. In Europa ist die Zahl der *Facebook*-Nutzer seit 2018 leicht rückläufig. Das hat verschiedene Gründe. Wahrscheinlich haben die Datenschutzskandale ein gewisses Unbehagen erzeugt. Hinzu kommt, dass *Instagram* vor allem bei jungen Menschen *Facebook* Konkurrenz macht. Die Glücksforschung hält ergänzend dazu noch eine andere Erklärung bereit.

Mit den Sozialen Medien befasst, hat sich der Psychologe Derrick Wirtz von der *University of British Columbia in Canada*. Er konzentrierte sich mit seinen Kollegen auf die drei beliebtesten US-amerikanischen Plattformen, *Facebook*, *Instagram* und *Twitter*. Sie schickten den Teilnehmern ihrer Studie täglich zu fünf willkürlichen Zeitpunkten einen Fragebogen via E-Mail zu. Die Fragen bezogen sich auf ihre Nutzung Sozialer Medien, auf ihre Gefühle dabei und auf ihre Einschätzung, ob und inwieweit sie sich auf den Plattformen mit anderen Nutzern verglichen.

Die Auswertung, die nach zehn Tagen erfolgte, brachte ein klares Ergebnis.

Die Nutzung der Plattformen Facebook, Instagram und Twitter wirkt sich negativ auf das persönliche Glücksempfinden der Nutzer aus.

Je intensiver die Teilnehmer diese Plattformen nutzten, desto unglücklicher waren sie. Diese negativen Effekte zeigten sich hauptsächlich bei jenen Studienteilnehmern, die sich mit anderen Nutzern verglichen.

Letzteres kann deshalb umso belastender sein, weil Soziale Medien die Realität oft schönfärben. Nutzer posten von mehreren Fotos immer nur das schönste, tollste oder extremste. Von Erfolgen berichten sie, Misserfolge oder gar Niederlagen verschweigen sie. Sie stellen ihr Leben meist nur im besten Licht dar. Und damit nicht genug: Die Nutzer liken nur das Beste vom Besten und leiten nur das Schönste vom Schönsten und das Extremste weiter. Daher sind wir auf den Sozialen Medien mit einer ausgesucht schönen und besonderen Realität konfrontiert. In dieser Umgebung müssen alle Nutzer strahlen, wenn sie mithalten wollen. Sogar die traurigen Geschichten können wir mittels Likes bewerten und vergleichen.

Unweigerlich verorten wir uns in diesem sozialen Raum. Wir vergleichen uns bewusst oder unbewusst mit anderen Nutzern. Durch die schön- beziehungsweise extremfärbende Eigendynamik der Sozialen Medien ist dieser Vergleich allerdings unfair. Wir vergleichen uns nicht mit der nüchternen Realität, die uns im Alltag ungeschminkt begegnen würde. Wir vergleichen uns vielmehr mit dem Besten aus der Realität, das womöglich noch dazu retuschiert ist. Die übertriebenen Darstellungen von positiven Ereignissen implizieren stets, unser Leben sei durchschnittlich. Im sozialen Vergleich auf Sozialen Medien sind wir fast immer Verlierer.

Menschen, die regelmäßig *Facebook* verwenden, haben ein niedrigeres Selbstwertgefühl, fand die an der *University of Ca-*

lifornia in San Francisco tätige Sozialpsychologin Erin Vogel heraus. *Facebook*-Nutzer verglichen sich laut ihren Erkenntnissen jedoch nicht nur mit Nutzern, die nach ihren Maßstäben ein besseres Leben hatten. Sie verglichen sich sehr wohl auch mit solchen, die vermeintlich schlechter dran waren. Das Ergebnis zeigt, dass unsere Vergleiche nach oben uns unglücklicher machen, die Vergleiche nach unten aber weder Vorteile noch Nachteile bringen.

Eigentlich sollten Soziale Medien dazu dienen, Menschen miteinander zu verbinden. Die Nutzung von Sozialen Medien hat jedoch den paradoxen Effekt, dass wir uns einsamer fühlen. Fotos von fröhlichen Menschen, die mit Freunden unterwegs sind, führen uns vor Augen, wie alleine wir sind.

Laut dem Psychologen Derrick Wirtz macht es allerdings einen Unterschied, wie wir Soziale Medien nutzen. Negative Effekte entstehen hauptsächlich, wenn wir sie passiv nutzen, also einfach nur durch die Inhalte der anderen scrollen.

Bei aktivem Nutzen der Sozialen Medien zeigten sich in Studien keine negativen Effekte. Aktives Nutzen bedeutet, sich auf den Plattformen mit anderen auszutauschen, selbst regelmäßig Beiträge zu gestalten oder Beiträge anderer zu teilen. Laut den Daten aus dem-

entsprechenden Studien benutzen wir Soziale
Medien allerdings öfter passiv als aktiv. Das
erklärt die generell eher negativen Effekte.

Der Soziologe Morten Tromholt von der *Universität Kopenhagen* wies nach, dass Teilnehmer, die eine Woche lang *Facebook* von ihrem Smartphone löschten, glücklicher und zufriedener mit ihrem Leben waren.

Zu ähnlichen Erkenntnissen gelangte der Werbeforscher Matthew Pittman von der *University of Tennessee*. Besonders wichtig ist es demnach, darauf zu achten, was wir wahrnehmen, wenn wir gerade auf *Facebook*, *Instagram* oder *Twitter* sind.

Pittman fand außerdem heraus, dass einsamere Menschen am ehesten unter Sozialen Medien leiden. Ausgerechnet für sie stellen diese Medien also keinen Ausweg beziehungsweise keine Linderung ihres Problems dar, sondern eher eine zusätzliche Belastung. Für glückliche Menschen ist es genau umgekehrt.

Das passt mit anderen Forschungsergebnissen zusammen. Nutzer, die sich auf der Welle des Glücks gerade obenauf befinden, können auf den Sozialen Medien besser mithalten und sich aktiver einbringen. Sie haben etwas herzuzeigen und können damit eher strahlen. Die soziale Anerkennung, die mit der Weiterverbreitung der eigenen Beiträge verbunden ist, stärkt das Selbstwertgefühl.

Dieser positive Effekt für das Ego kann allerdings zur Falle werden. Manche Menschen berauschen sich an den laufenden Signalen der Anerkennung und sind umso enttäuschter, wenn weitere ausbleiben. Dabei ist es kein Wunder, wenn sie ausbleiben. Wir müssten uns laufend selbst übertreffen, um etwas Neues, noch Spannenderes posten zu können. Wenn wir immer nur Inhalte zum gleichen Thema posten, verlieren wir automatisch die Aufmerksamkeit der anderen Nutzer. Deshalb hat auch das aktive Nutzen der Sozialen Medien seine Tücken.

*Selbstdarstellungsstress ist für das Glücks-
empfinden nur dann förderlich, wenn die
Selbstdarstellung den gewünschten
Erfolg bringt. Bleibt er aus, ist die
Enttäuschung umso größer.*

Am ehesten machen Soziale Medien abseits der großen Plattformen glücklich. Das fand unter anderem der Kommunikationswissenschaftler David DeAndrea von der *Ohio State University* heraus. Er erstellte eine eigene Plattform, die Erstsemestrigen den Uni-Einstieg erleichterte. Je häufiger die frischgebackenen Studentinnen und Studenten die Seite nutzten, umso stärker war ihr Gefühl, soziale Unterstützung zu haben.

Auch der Psychologe William Chopik von der *Michigan State University* weist darauf hin, dass die Nutzung von Sozialen Medien Vorteile bringen kann. Ältere Erwachsene fühlen sich insgesamt weniger einsam, wenn sie soziale Technologien nutzen. Dazu zählten neben E-Mails, Anrufen und Kurznachrichten auch Soziale Medien. Der bei dieser Altersgruppe positive Effekt könnte draus resultieren, dass ältere Menschen weniger dazu neigen, sich mit der geschönten Realität auf den Sozialen Medien zu vergleichen. Daher können sie auch das bloße Konsumieren der Inhalte eher genießen und sich dabei mit der Welt verbundener fühlen.

Der Marketingforscher Amit Kumar und der Verhaltensforscher Nicholas Epley wiederum fanden heraus, welche Arten der medialen Kommunikation am ehesten soziale Verbindungen fördern. Die Teilnehmer an ihrer Studie bekamen die Aufgabe, mit einem alten Freund Kontakt aufzunehmen, mit dem sie lange nicht kommuniziert hatten.

Das Ergebnis zeigt zunächst erwartungsgemäß, dass Anrufe und Video-Calls eine bessere Bindung schaffen als etwa E-Mails oder Chat-Programme. Mündliche Kommunikation erzeugt mehr Nähe als schriftliche. Da wir in den Sozialen Medien selten direkt mündlich kommunizieren, sind die sozialen Bindungen, die wir dort herstellen, dementsprechend schwächer und unverbindlicher.

Aber auch wenn wir schwächere soziale Bindungen herstellen, hat das prinzipiell einen positiven Einfluss auf unser Glücksempfinden. Wichtig ist nur, dass es tatsächlich Verbindungen sind, also eine Gegenseitigkeit spürbar wird. Wenn wir hingegen mit einem Posting in die Welt hinausrufen, ohne Antwort zu bekommen, ist das ein Ausdruck von Vereinsamung und mündet in Enttäuschung.

Als Quelle für Information und Unterhaltung
sind die großen Social Media-Plattformen,
außer für ältere Menschen, fragwürdig. Sich

nur von Postings berieseln zu lassen, ist bei allen jüngeren Altersgruppen, aufgrund des unvermeidlichen sozialen Vergleichs mit einer geschönten Realität, die schlechteste Form der Nutzung. Auch für ältere Menschen gilt: Je aktiver wir als Nutzer sind und je bewusster wir darauf achten, uns nicht zu vergleichen, desto besser ist das für unser Glücksempfinden. Am besten ist die aktive Nutzung kleinerer Sozialer Medien, die uns mit einer eingrenzbaren Gruppe zu einem bestimmten Zweck verbinden.

STRATEGIEN DES GLÜCKS

Was ergibt sich nun aus diesen wissenschaftlichen Erkenntnissen? Was genau können wir damit anfangen? Was nutzen sie uns? Wie können wir damit nach dem so schwer Greifbaren greifen? Was können wir tun, um glücklicher zu werden? Hier das Fazit der breit gefächerten wissenschaftlichen Studien zum Thema Glück als Versuch einer Anleitung.

Kehren wir zurück zur Ausgangsfrage dieses Buches: Was ist Glück? Die Wissenschaft beantwortet diese Frage nicht direkt, wie wir gesehen haben. Forscher analysieren, ob bestimmte Verhaltensweisen oder Rahmenbedingungen das Glücksempfinden eher fördern oder ihm eher im Weg stehen. Das erleichtert ihre Aufgabe. Sie müssen nur Richtung Glück weisen, statt Glück zu definieren. Sie sagen »glücklicher macht …«. Sie sagen nicht »Glück ist …«, wie es Philosophen, Künstler und wahrscheinlich alle Menschen aufgrund einer bestimmten Inspiration manchmal tun. Die in diesem Buch eingestreuten Zitate erscheinen wie Blitzlichter, die jeweils bestimmte Aspekte des Glücks beleuchten. Aber das Glück insgesamt erfassen können sie nicht.

Warum ist es so schwierig, Glück eindeutig zu definieren? Warum geht das bei Mut und Angst, bei Liebe und Hass oder bei Hoffnung und Verzweiflung recht gut, aber ausgerechnet bei dem Zustand, beziehungsweise dem Gefühl, nach dem wir von Geburt an bis zu unserem Tod unaufhörlich streben, so schwer? Warum können wir nicht einmal klar sagen, ob Glück ein Zustand oder ein Gefühl ist?

Üblicherweise denken, reden und schreiben wir über Glück als etwas, das wir suchen, finden, haben und möglichst auf Dauer gepachtet haben wollen. So als könnten wir Glück besitzen. Oder wir begegnen der Aufforderung, unseres Glückes Schmied zu sein. Wir sollen also unser Glück zum Glühen bringen und dann hart mit schwerem Hammer draufhämmern, auf dass wir es in unserem Sinne formen. So als könnten wir unser Glück nur durch schweißtreibende Arbeit erreichen.

Entspricht das den vielfältigen Ergebnissen der Glücksforschung? Eher nicht. Weder können wir das Glück besitzen, noch führt uns harte Arbeit zu ihm. Die Begriffe »Besitz« und »harte Arbeit« im Zusammenhang mit Glück deuten eher darauf hin, dass die protestantische Ethik unserer Gesellschaft uns hier einen Streich spielt. Diese Begriffe unterstellen, dass Glück eine rein individuelle Sache ist, wie Muskulatur oder Ausdauer, die wir durch Training aufbauen können.

Diese Haltung hat eine im Grunde wunderbare Tradition. So etwa ist das Streben nach Glück als individuelles Recht in der Unabhängigkeitserklärung der Vereinigten Staaten von Amerika von 1776 verankert. Seinerzeit war das für die Menschen, von denen viele noch die Leibeigenschaft kannten, ein enormer Fortschritt. Dass alle Menschen individuell nach Glück streben durften, bedeutete daher eigentlich Freiheit, nicht Glück.

Damals waren die USA der erste Nationalstaat weltweit. Heute lebt die gesamte Menschheit in Nationalstaaten und jeder Mensch darf im Rahmen des kapitalistischen Systems für sich nach Glück streben. Aber wie viele Menschen haben es gefunden?

Die Glücksforschung meint, dass das allgemeine Glücksniveau in unseren Gesellschaften im vergangenen halben Jahrhundert, also seit es einigermaßen vergleichbare Daten gibt, recht konstant geblieben ist. Unabhängig vom steigenden Wohlstand in den Industrienationen. Unabhängig von den Glücksversprechungen, die der Kapitalismus in Form von Produkten und Dienstleistungen, aber auch in Form von Karrieren und vielfältigen Lebensentwürfen für uns bereithält.

Das allgemeine Streben nach Glück hat also bisher nicht zu mehr Glück geführt. Das bedeutet, dass unser Gesellschaftssystem zwar nicht massenhaft unglücklich macht, aber auch keine sonderlich kompetente Unterstützung bei der Suche nach Glück bietet. Was darauf hinweist, dass unser Gesellschaftssystem in Wirklichkeit nicht primär unser aller Glück bezweckt. Das ist verwunderlich, besonders, wenn wir den tieferen Sinn von Gesellschaftssystemen bedenken. Sie sind dafür da, das Miteinander der Individuen so zu organisieren, das für alle das Beste, also das größtmögliche Glück, dabei herauskommt.

Entscheidend bei unserem Streben nach dem Glück ist also, soweit lässt sich die Glücksforschung dann doch auf einen einfachen Punkt bringen, dass wir umdenken. Erinnern wir uns an das Kapitel »Netzwerke des Glücks«, das bereits Hinweise darauf gab.

Wir müssen verstehen, fühlen und leben
lernen, dass Glück so etwas wie ein Farbton,
ein Klang, eine Schwingung, eine bestimmte
Energie innerhalb des komplexen Systems
Gesellschaft ist, das wir beeinflussen können,
aber oft nur indirekt, weil es von den Wechsel-
wirkungen zwischen uns im Rahmen des
größeren Ganzen abhängt.

Das zeigt auch folgende Anekdote.

Ein Professor teilte in einem vollen Hörsaal weiße Luftballons aus. Die Studierenden sollten sie aufblasen und mit schwarzem Filzstift gut lesbar ihren Namen darauf schreiben. Anschließend bat er sie, in die Aula der Universität mitzukommen, einen Kreis zu bilden und alle Luftballons in die Mitte zu werfen. Der Professor schritt einige Male durch die Mitte und vermischte die Ballons. Dann gab er den Studierenden fünf Minuten, um den eigenen Ballon zu finden. In dem daraufhin entstehenden Gewusel fand kein einziger Student seinen Ballon.

Daraufhin erteilte der Professor den Auftrag, den nächstbesten Ballon zu nehmen und ihn der richtigen Person zu geben. Es dauerte keine fünf Minuten, bis alle Studierenden wieder ihren Ballon hatten. Die Lehre, die der Professor seinen Studierenden damit vermittelte, lautete: Diese Ballons sind wie das Glück. Wir werden es nie finden, wenn alle nur ihr eigenes suchen. Wenn wir uns jedoch um das Glück der anderen kümmern, werden wir auch unseres bekommen.

Die Moral dieser Geschichte und viele Erkenntnisse, die in diesem Buch gesammelt sind, lassen sich auch so zusammenfassen:

> *Das Glück irgendwo zu suchen ist der falsche Ansatz. Vielmehr sollten wir uns bemühen, das Glück zu sein, für uns selbst genauso wie für andere und für die Welt.*

Nicht umsonst meint der Psychoanalytiker, Philosoph und Sozialpsychologe Erich Fromm: »Glück ist kein Geschenk der Götter, sondern die Frucht innerer Einstellung.« Nur mit diesem Perspektivenwechsel werden wir auch dem Umstand gerecht werden, dass der kleinste gemeinsame Nenner des Glücks ein unwillkürlicher innerer biochemischer Vorgang ist.

Was also ist Glück?

Es ist jedenfalls keine Sache außerhalb von uns. Es ist ein Hochgefühl, das gleichermaßen in uns und nachweislich auch um uns herum wirkt. Dieses Hochgefühl ist etwas, das wir entweder selbst auslösen oder das unsere Umwelt in uns auslöst oder das wir gemeinsam mit unserer Umwelt auslösen.

Es kommt manchmal für Momente auf und kann wieder verschwinden. Wenn wir allerdings laufend Glücksmomente schaffen, können sie sich aufschaukeln, sich verketten und für ein zeitlich anhaltendes Hochgefühl sorgen. Dieses anhaltende Hochgefühl vollzieht sich in langen Wellen, die mehreren Monaten bis zu eineinhalb Jahren dauern können.

Es geht netzwerkartig über das Individuum hinaus und sorgt auch bei Nachbarn, Freunden und Lebenspartnern für gesteigertes Glücksempfinden.

Indem wir offen für das Glück sind und unser Leben mehr darauf ausrichten, können wir unser durchschnittliches Glücksempfinden beeinflussen. Das ist die gute Nachricht. Doch es gibt auch eine schlechte. In Form der Gewöhnung hat das Glück einen natürlichen Feind. Kaum wird es zur Selbstverständlichkeit, ist das Hochgefühl weg.

Wer die körpereigenen Glücksdrogen zu oft zur Ausschüttung bringt, gewinnt nichts. Der Körper gewöhnt sich an das höhere Niveau und verlangt nach mehr Glückshormonen, um erneut dieselbe Wirkung zu spüren. Bekannt ist dieser Automatismus etwa als Tristesse nach dem Sex. Wenn wir in höchsten Höhen waren, kann es danach kaum anders als bergab gehen.

Wir sollten uns glücklich schätzen, dass wir die Ausschüttung unserer Glückshormone nicht willkürlich steuern können. Das lehrt uns die Geschichte rund um die zufällige Entdeckung des Dopamins in den 1950er-Jahren durch den schwedischen Forscher Arvid Carlsson.

Carlsson implantierte damals Sonden im Gehirn von Labormäusen. Daraufhin konnten die Mäuse selbst per Druck auf einen Knopf elektrische Impulse auslösen, um die Gehirnregion, in der die Sonde saß, zu stimulieren.

Eine Maus fiel auf, weil sie laufend auf den Auslöser drückte. Sie wollte nicht mehr essen und nicht mehr schlafen. Bis zur völligen Erschöpfung drückte sie immer wieder auf den Auslöser.

Die Forscher bemerkten, dass bei dieser Maus die Sonde etwas anders im Gehirn saß als bei den anderen Mäusen. Sie stimulierte die Ausschüttung des Hormons, das wir seither als Dopamin kennen.

Diese Geschichte beinhaltet eine Warnung vor dem Glückshormon. Wir sollten uns hüten, zur Dopamin-Maus zu werden. Dopamin hat Suchtpotential. Zuviel Dopamin kann uns genauso schaden wie zu wenig. Das Spektrum dessen, was unsere Glückshormone anrichten können, endet nicht bei der Euphorie. Das nächste Stadium wäre die Hypomanie, die bereits als Krankheit gilt und uns gleichsam überschäumen lässt. Größenwahn, Rededrang, Zerstreutheit bis hin zu ruinösem Kaufrausch sind Symptome dieser Krankheit.

Was wir anstreben sollten, ist ein für uns gutes Grundniveau bei der Ausschüttung der Glückshormone, das Luft nach oben lässt. So können wir besondere Momente genießen, bevor wir wieder auf unser Grundniveau zurückfallen. Auch deswegen ist die verkrampfte Gier nach immer mehr Glück kontraproduktiv und zeugt von einer suchtgefährdeten Persönlichkeit.

Was wir erleben, wenn wir Glück erleben, sind also kleine Wellenbewegungen, die sich zu einer größeren langen Welle formen können.

Glück ist prinzipiell ein prekärer Zustand, den wir aber einigermaßen stabilisieren und dessen Grundniveau wir anheben können. Dazu brauchen wir ausreichend Glücksmomente, die sich im besten Fall zu einem Zustand verketten.

Wer glücklich sein will, sollte sich selbst, sein soziales Umfeld und seine Umwelt möglichst regelmäßig glücklich machen. Glück wird aber immer und für jeden von uns ein ständiges Auf und Ab bleiben, sowohl im Moment, als auch über die Zeit betrachtet.

Von dieser Erkenntnis ausgehend können wir uns fragen, wie wir unsere Glückskurve, soweit wir darauf Einfluss haben, gerne hätten. Wollen wir die langfristige Welle auf einem guten Niveau möglichst flach halten? Wollen wir uns also ein gemütliches, gutes Leben einrichten, mit einigen Höhepunkten und den trotz aller Zurückhaltung und Vorsicht unvermeidlichen Tiefpunkten? Oder wollen wir eher ein herausforderndes, abenteuerliches Leben, in dem wir mehr riskieren und für mehr Höhen auch mehr Tiefen in Kauf nehmen?

Den einen ist ein gemütliches Leben zu langweilig, den anderen ein abenteuerliches zu anstrengend. Unsere diesbezüglichen Vorlieben können je nach Lebensabschnitt variieren. In Phasen der Veränderung wird die Kurve wahrscheinlich auch ohne unser Zutun wechselhafter verlaufen, in Phasen der Stabilität flacher. Hauptsache, sie verläuft insgesamt auf einem eher hohen Niveau, sodass wir zufriedene oder sogar rundum glückliche Menschen sein können.

Die Ergebnisse der Glücksforschung zeigen uns verschiedene Möglichkeiten, wie wir Glücksmomente generieren können, um damit ein hohes Niveau zu erreichen. Nicht jede Möglichkeit ist für jeden Menschen in jeder Lebensphase gleichermaßen geeignet. Es empfiehlt sich also, diese Möglichkeiten individuell zu erkunden und auf das eigene Leben anzupassen.

Dabei ist es wichtig, die Prinzipien hinter diesen Möglichkeiten zu verstehen. Nicht umsonst haben wir die Forschungsergebnisse in fünf Kapiteln präsentiert. Diese fünf Kapitel stehen für die fünf Bereiche, in denen wir laut Forschung für ein hohes Glücksniveau sorgen können. Hier ist nun das Fazit der Glücksforschung, formuliert in Strategien für ein glücklicheres Leben.

GLÜCKS-STRATEGIE EINS:
ENTTÄUSCHUNGEN ENTSCHÄRFEN

Von zentraler Bedeutung bei unserer Glücks-Strategie sind zunächst unsere Grundeinstellungen. Die wichtigste mag auf den ersten Blick überraschen. Es geht dabei um unseren Umgang mit dem Gegenteil von Glück. Nichts schadet unserem Glücksempfinden so sehr wie Enttäuschung. Diese kann uns richtig abstürzen lassen, wenn wir gleichsam aus allen Wolken fallen. Wir kennen das zum Beispiel aus der Liebe. Wenn wir herausfinden, dass ein anderer Mensch uns nicht so sehr liebt wie wir ihn, ist das ein furchtbares Gefühl. Wenn wir das zum ersten Mal erleben, wissen wir, wie sich das Gegenteil von Glück anfühlt. Deshalb brauchen wir, um unser Glücksempfinden auf lange Sicht zu verbessern, ein funktionierendes Enttäuschungsmanagement.

Enttäuschungen werden mit der Zeit und mit der Erfahrung immer milder. Das ist das Gute an ihnen. In reiferen Jahren sind wir wahrscheinlich auch durch eine enttäuschte Liebe nicht mehr so leicht zu erschüttern wie in unserer Jugend. Enttäuschungen, die uns neu sind, treffen uns meist härter als jene, die wir bereits erlebt haben, und das Leben hält immer wieder neue Enttäuschungen für uns bereit. Damit können wir rechnen. Davor sind wir nie geschützt.

Allerdings können wir unser Enttäuschungsmanagement verbessern. Wie geht das? Viel können wir erreichen, indem wir uns vor allzu hohen Erwartungen hüten und davor, die Dinge zu sehr durch die rosarote Brille zu sehen. Begeisterungsfähigkeit ist wichtig und hilft uns, Hürden zu überwinden, Ziele zu erreichen und Dinge zu verändern. Doch viele Enttäuschungen sind selbstgemacht, weil wir bei unseren Erwartungen die Unberechenbarkeit des Lebens ausklammern.

Wir können auf das Beste hoffen, davon träumen und dafür kämpfen. Auf diese Weise können wir das Beste in unser Leben holen. Aber gleichzeitig sollten wir mit allem Schlechteren rechnen. Das muss uns nicht erst die Lebenserfahrung in schmerzvollen Prozessen lehren. Es ist zumindest zum Teil auch eine innere Einstellung, für die wir uns entscheiden können. Diese Einstellung erreichen wir am besten mit Hilfe von Demut und Liebe zum Leben.

Oft genug erkennen wir erst in Rückblicken, dass etwas, das sich zunächst wie eine Enttäuschung angefühlt hat, eine wichtige und gute Weichenstellung für uns war. Wir verlieren einen Job, um drei Monate später einen besseren zu finden. Eine angeschlagene Beziehung geht endgültig in die Brüche und wenig später begegnet uns die große Liebe. Als hätte es das Leben besser mit uns gemeint, als wir selbst.

Es gibt Enttäuschungen, die sich als Glück herausstellen. Aber das Hoffen auf eine Verwandlung einer akuten Enttäuschung in späteres Glück hilft uns im Moment nur bedingt weiter. Außerdem gibt es Enttäuschungen, die ihren negativen Charakter hartnäckig behalten. Daher empfiehlt sich angesichts von Enttäuschungen die Analyse. Im Unterschied zum Grübeln, das uns tiefer in die negative Emotion führt, soll die Analyse eine Rationalisierung unserer Gefühle bewirken. Diese Rationalisierung ist das beste Gegengift gegen Enttäuschungen.

Die Analyse erforscht die Realität möglichst nüchtern. Der Grübler fragt: Warum habe ausgerechnet ich den Job verloren? Der Analytiker fragt: Welche Rahmenbedingungen haben den Jobverlust im Prinzip unausweichlich gemacht? War es wirklich der richtige Job für mich? Was sind meine Signatur-Stärken und wie gut konnte ich sie einbringen? Wenn ich die freie Wahl zwischen allen Jobs der Welt gehabt hätte, hätte ich mich dann für diesen Job entschieden? Was sind meine verbleibenden Anteile am Jobverlust? Was sollte ich beim nächsten Job besser machen oder vermeiden? Und so weiter.

Mit Enttäuschungen, die uns als einzelne Ereignisse im Leben immer wieder unversehens treffen, werden wir irgendwann fertig. Im besten Fall erweisen sie sich tatsächlich als sinnvolle Wendepunkte in unserem Leben. Letztendlich sorgen solche Dämpfer dafür, dass es danach wieder aufwärtsgehen kann. Sie gehören also zu einem erfüllten Leben dazu.

GLÜCKS-STRATEGIE ZWEI:
AUS DEM TIEFSTEN UNGLÜCK AUSBRECHEN

Am abträglichsten für unser Glück sind nicht die einzigartigen negativen Ereignisse. Denn das große Unglück ist nur ein Moment. Das größte Unglück sind die laufenden Enttäuschungen. Es sind jene, die uns hartnäckig verfolgen, die wir auf die eine oder andere Weise jeden Tag erleben müssen. Das größte Unglück ist das, was uns immer wieder und immer weiter in die Tiefe zieht.

Wir kennen das zum Beispiel vom Mobbing. Mobbingopfer zu sein, bedeutet anhaltend Unglück mit Tendenz zu immer mehr Unglück. Dabei wirken die meisten Mobbinghandlungen ganz harmlos. Kollegen grüßen die Betroffenen nicht, Gespräche in der Kaffeeküche verstummen beim Eintreten der Betroffenen, sie bekommen keine sinnvollen Aufgaben zugeteilt oder kein Feedback auf ihre Arbeit und sie haben Hinweise, dass die anderen hinter ihrem Rücken schlecht über sie reden. Die jeweilige Enttäuschung scheint klein zu sein, weshalb selbst Wohlmeinende die Mobbingopfer oft beschwichtigen. Doch die Regelmäßigkeit solcher Enttäuschungen bewirkt, dass sich die Betroffenen bald in die Zeit des juvenilen Liebeskummers zurückwünschen.

Genau wie Glücksmomente können sich auch Enttäuschungen zu einer Welle verknüpfen und uns so anhaltend depressiv machen.

Unser Arbeitsplatz ist nicht die einzige naheliegende Quelle für ständig neue Glücks- oder eben auch Unglücksmomente.

Unseren Liebesbeziehungen kommt, weil sie unaufhörlich Erfahrungen und Erlebnisse vergleichbarer Art produzieren, eine besondere Bedeutung zu. Sind diese Erlebnisse grundsätzlich positiv, heben sie unser Glücksniveau, und umgekehrt. Kaum etwas unterwandert unser Glücksempfinden so nachhaltig wie eine Liebesbeziehung, in der wir laufend enttäuscht werden.

Wobei Enttäuschungen in Liebesbeziehungen ebenfalls viel mit Erwartungen zu tun haben können. Das eigene Lebensglück von einem anderen Menschen abhängig zu machen, Wunschvorstellungen auf ihn zu projizieren und dann enttäuscht darüber zu sein, dass er ihnen nicht entspricht, ist eine Falle, die wir uns selbst stellen. Diese Falle können wir vermeiden, indem wir den anderen wahrnehmen und akzeptieren, wie er wirklich ist. An diesem realistischen Bild sollten wir unsere Erwartungen ausrichten. Außerdem sollten wir immer bedenken, dass es einen rundherum perfekten Partner nicht gibt und er womöglich sogar langweilig wäre. Auf dieser Basis können wir entscheiden, welche Erwartungen an einen Partner für uns nicht verhandelbar sind.

Bei Beziehungen, die eine ständige Quelle von Enttäuschungen sind, sollten wir nicht dulden, sondern kämpfen oder flüchten. Nur so können wir wieder glücklich werden. Zu kämpfen bedeutet, eine Beziehung intensiv und konsequent so zu verbessern, dass sie keine unaufhörlichen Enttäuschungen mehr produziert. Zu flüchten bedeutet, einen Schlusspunkt zu setzen. Das ist auch dann die beste Option, wenn wir Angst vor Einsamkeit haben.

Das betrifft alle unsere sozialen Beziehungen und die daran geknüpften Verlustängste. Bei Mobbing am Arbeitsplatz zum Beispiel ist es gut, zu kämpfen, solange die Chance besteht, dass es sich wieder abstellen lässt. Besteht sie nicht mehr, ist Kündigung die beste Option, auch wenn wir Angst vor Arbeitslosigkeit haben.

In solchen Situationen hält uns oft nur eine von Fakten nicht gestützte Hoffnung auf Besserung der Lage fest. Diese Hoffnung macht die laufenden Enttäuschungen allerdings nur schlimmer. Denn auch sie ist eine unrealistische Erwartung. Deshalb neigt sich die Glückskurve dann immer weiter nach unten. Das anhaltende Unglück sollte uns mehr Angst machen als das Wagnis der Veränderung.

GLÜCKS-STRATEGIE DREI:
SICH SELBST VERZEIHEN

Leider sind wir nicht perfekt. Wir machen Fehler. Immer wieder enttäuschen wir uns selbst, wenn wir etwas tun oder unterlassen, das unserem schönen Selbstbild widerspricht. Es sind die Momente, wo wir einsehen, dass wir gar nicht so klug, mutig, ehrlich oder freundlich sind, wie wir eigentlich gedacht haben. Es sind Momente, in denen wir leichtere und schwerere Fehler machen, die uns selbst und anderen Menschen Leid zufügen. Diese Momente hängen uns nach.

> *Um enttäuscht zu werden, brauchen wir nicht*
> *unbedingt andere Menschen. Wir können uns*
> *auch selbst enttäuschen. Diese Enttäuschun-*
> *gen, die wir selbst zu verantworten haben,*
> *können uns besonders unglücklich machen.*

Wenn wir ehrlich mit uns selbst sind, sind wir auch die ersten, die unsere eigenen Fehler schmerzlich bemerken. Wenn wir sie verdrängen, konfrontieren uns unser Unbewusstes und andere Menschen mit ihnen, was noch unangenehmer ist.

Weshalb wir uns zunächst Fehler zugestehen sollten. Wir alle haben Momente der Schwäche, in denen wir unsere eigenen Werte missachten. Niemand ist perfekt. Immer wieder passieren uns Dinge, die wir tun oder unterlassen hätten sollen. Sei es ein unfaires oder unhöfliches Verhalten, eine Gemeinheit gegenüber einem Kollegen, die uns vermeintliche Vorteile bringt, eine Chance auf Bereicherung, die wir wahrnehmen, obwohl sie fragwürdig ist, eine Lüge, von der wir genau wissen, dass sie weit mehr als eine Notlüge ist, ein Wutanfall, in dem uns andere als bedrohlich wahrnehmen, ein Wegschauen, wenn wir aus Bequemlichkeit oder Feigheit nicht helfen wollen, oder ein aus egoistischen Gründen gebrochenes Versprechen, mit dem wir andere enttäuschen. Manchmal hadern wir dann mit uns selbst und würden die Zeit gerne zurückdrehen, um es diesmal richtig zu machen. Dieses Hadern kann unser Glücksniveau nachhaltig senken.

Wenn wir auf diese Weise unser Selbstbild angekratzt oder uns selbst verraten haben, sollten wir vorgehen, wie bei anderen negativen Erfahrungen auch: die Situation analysieren, somit die negative Emotion herausnehmen und dann daraus lernen und es beim nächsten Mal besser machen. Dazu kommt im Fall der Selbstenttäuschung noch etwas ganz Wichtiges: sich selbst verzeihen. Das fällt jenen Menschen besonders schwer, die hohe Ansprüche an sich haben. Aber es ist der einzige Weg.

Die ersten drei Strategien des Glücks sind die wesentlichen Eckpfeiler eines guten Enttäuschungsmanagements. Das sind die wichtigsten drei Punkte.

Erwartungen überprüfen. Sind unsere Erwartungen realistisch oder handelt es sich um Illusionen, also um Täuschungen? Dann sind Ent-Täuschungen die logische Folge.

Kämpfen oder flüchten. Bei dauerhaften Quellen für Enttäuschungen, wie negative Beziehungen oder Mobbing am Arbeitsplatz, sollten wir offen und gegebenenfalls mit versierten Beratern einschätzen, ob kämpfen noch einen Sinn hat. Wenn nicht, können wir nur wieder glücklich werden, wenn wir einen Schlusspunkt setzen.

Sich selbst verzeihen. Besonders reflektierte Menschen können für sich selbst eine Quelle von Enttäuschungen sein, wenn sie ihren Erwartungen an sich selbst nicht entsprechen. Hier geht es um die Kunst, sich selbst Fehler zu verzeihen, sie zu analysieren und für das nächste Mal daraus zu lernen. Das Leben geht immer weiter, bis zum Tod.

GLÜCKS-STRATEGIE VIER:
LUSTVOLL GUTE GEFÜHLE WECKEN

Die Glücksforschung setzt sich intensiv mit Methoden auseinander, die uns kleine Glücksmomente bescheren können. Alle wichtigen haben wir in diesem Buch gezeigt. Dankbarkeit, Freundlichkeit und den beschriebenen Flow zu suchen sind Beispiele dafür. Die Liste der Methoden und kleinen Tricks, die Glückshormone freisetzen, ist beliebig erweiterbar und von Mensch zu Mensch verschieden. Wichtig ist, dass wir einiges ausprobieren und manches in unseren Alltag einflechten. Das erfordert eine gewisse Disziplin. Dankbarkeitsrituale zum Beispiel lassen sich anders kaum zur Gewohnheit machen.

Unsere kleinen Glücksrituale sollten wir aus Lust tun. Wenn wir uns immer wieder dazu disziplinieren müssen, sollten wir neue Rituale wählen, die besser zu uns passen.

GLÜCKS-STRATEGIE FÜNF:
GLÜCKSÖKONOMIE VOR GELDÖKONOMIE

Die Erkenntnisse der Glücksforschung regen dazu an, die kapitalistischen und konsumistischen Prinzipien unserer Gesellschaft zu hinterfragen. Das Strampeln im Hamsterrad für einen besseren Fernseher und das Erklimmen der nächsten Sprosse auf der Karriereleiter werden uns wahrscheinlich nicht glücklicher machen. Das bedeutet nicht, dass wir alle Hippies werden müssen.

> *Es macht Sinn, wenn wir uns bei jenen Menschen*
> *einreihen, deren Zahl während der Corona-Krise*
> *gewachsen ist und die sich fragen: Brauche ich das*
> *alles wirklich? Was brauche ich wirklich? Und vor*
> *allem: Wieviel brauche ich wirklich?*

Wenn wir in Wohlstand leben, lohnt es sich, einen Blick hinaus aus dem Hamsterrad zu werfen und uns zu fragen, welche Dinge da draußen uns vielleicht glücklicher machen würden, als noch mehr zu strampeln. Jedenfalls sollten wir ab einer bestimmten Einkommensstufe mehr Geld nicht mit mehr Glück verwechseln.

GLÜCKS-STRATEGIE SECHS:
ZUM WOHLE ALLER AUF UNS SELBST SCHAUEN

Selbstfürsorge hat viele Facetten. Es geht um Gesundheit, Ernährung, Bewegung, Meditation und den Aufenthalt in der freien Natur. Es geht um Zufriedenheit mit dem eigenen Körper, darum, unseren Spieltrieb auszuleben oder wiederzuentdecken, oder um ausreichenden Schlaf. All das hilft uns, glücklicher zu werden, hat jedoch den Nachteil, dass es Zeit kostet.

Wir wissen, dass es uns glücklicher macht, mit frischen Zutaten selbst zu kochen. Trotzdem lassen wir uns eine Pizza liefern oder holen eine aus dem Tiefkühler. Wir schlafen vielleicht zu wenig. Wenn wir uns ohnedies den ganzen Tag angestrengt haben, muss Bewegung nicht auch noch sein. *Netflix* schauen ist auch irgendwie Meditation, reden wir uns ein. Und Sport? Ja, das ist so eine Sache, aber zumindest die tollen neuen Walking-Stöcke, ein Mountain Bike und eine Mitgliedskarte für ein Fitnessstudio haben wir schon.

Geht es auch hier nur um das leidige Thema Disziplin? Vielleicht hilft uns die durch die Glücksforschung vielfach belegte Erkenntnis, dass uns Selbstfürsorge nicht nur selbst glücklicher macht, sondern auch alle um uns.

Unsere Selbstfürsorge wirkt über uns hinaus. Wenn wir also selbst kochen, meditieren, uns in der Natur bewegen und ausreichend schlafen, verändern wir auch das Leben anderer Menschen und damit in gewisser Weise die Welt.

Dafür ist der Aufwand eigentlich gering.

GLÜCKS-STRATEGIE SIEBEN:
DIE EIGENEN POTENTIALE AUSSCHÖPFEN

Es macht uns glücklich, wenn wir uns weiterentwickeln, dazulernen, unsere Talente erkennen und unsere Fähigkeiten möglichst gut nutzen. Das ist auch vielversprechender als der Versuch, solange an unseren Schwächen zu arbeiten, bis wir in allem Mittelmaß sind. Mit dem Internet haben wir die größte Bibliothek der Menschheitsgeschichte in unserem Wohnzimmer. Im Grunde hindert uns also nichts, jetzt gleich anzufangen. Oder geht es auch hier wieder um Disziplin? Eigentlich nicht.

Sobald wir uns mit unseren Talenten
befassen und sie entwickeln, befassen wir
uns auch mit unserer eigentlichen Aufgabe im
Leben. Nichts versetzt uns mehr in die Lage,
inneren und äußeren Widerständen zu trotzen,
als das Gefühl, eine Aufgabe zu haben,
für die wir gemacht sind.

GLÜCKS-STRATEGIE ACHT:
DRUM PRÜFE, WER SICH BINDET.

Noch vor wenigen Generationen, als Ehen noch ein Leben lang zu halten hatten, galt der Satz: »Drum prüfe, wer sich ewig bindet.« Heute scheint dieser Satz überholt. Erstens bindet sich niemand mehr ewig und zweitens ist auch fraglich, ob wir uns heutzutage überhaupt noch binden, wenn wir eine Beziehung eingehen. Selbst gemeinsame Kinder binden im Ernstfall nicht mehr. Beziehungen sind nahezu ein Konsumgut geworden, das wir nicht lange prüfen müssen, weil wir es gegebenenfalls loswerden können.

Dennoch hoffen die meisten Menschen auf eine gute Beziehung, die möglichst lange hält. Das bedeutet: Wir wollen uns gerne binden, wenn der richtige Partner auftaucht. Wir hoffen bei jeder neuen Beziehung, es möge der richtige Partner sein, mit dem eine feste Beziehung möglich ist, mit dem wir vielleicht sogar alt werden können. Diese Hoffnung ist es letztlich, die moderne Beziehungen davor bewahrt, vollends zum Konsumgut zu werden. Nach wie vor suchen wir in einer Beziehung das große Glück.

Beziehungen waren schon immer eine stetige Quelle für Glück oder Unglück. Daran haben auch *Parship* und *Tinder* nichts geändert. Allerdings sind durch derlei Plattformen unsere Such- und Auswahlmöglichkeiten gewachsen. Und genau hier, bei der Auswahl, müssen wir ansetzen, wenn wir das meiste Glück schaffen wollen. Nicht erst in der Beziehung.

Beziehungen werden dann zur
Glücksquelle, wenn die Partner wissen,
was sie wollen, ihre wechselseitigen Erwar-
tungen realistisch sind und sie diesen Erwar-
tungen in den für den Partner wesentlichen
Punkten entsprechen. Andernfalls werden
Beziehungen zur Unglücksfalle.

Wir sollten also vor der Partnerwahl wissen, was unsere wesentlichen Erwartungen sind. Das setzt voraus, dass wir uns selbst einigermaßen kennen und entsprechend handeln. Auch wenn ein potentieller Partner in allen wesentlichen Punkten bis auf einen einzigen entspricht, dann sollten wir weitersuchen. Sonst laufen wir in unser Unglück.

Das moderne Beziehungsleben lädt dazu ein, sich schnell auf einen potentiellen Partner einzulassen. Wir probieren es einfach und sind somit schneller in der Beziehung. Damit verkürzt sich die Phase der Auswahl. Die Ergebnisse der Glücksforschung weisen genau den umgekehrten Weg. Wir sollten die Phase der Auswahl möglichst in die Länge ziehen. Wenn wir probieren, dann um uns gegenseitig zu prüfen, nicht um schnell der Einsamkeit zu entkommen.

Die neuen Auswahlmöglichkeiten via Internet führen auch dazu, dass immer weniger Beziehungen im Freundeskreis entstehen. Der Freundeskreis, der üblicherweise Menschen umfasst, die ähnliche Einstellungen zum Leben haben, wirkt gleichsam als zweite, externe Prüfungsinstanz. Manchmal wissen unsere Freunde besser als wir selbst, mit wem es »funktionieren« könnte und mit wem nicht. Wenn wir abseits der Freundeskreise nach potentiellen Partnern suchen, fällt diese externe Prüfinstanz weg. Umso mehr sind wir bei der Auswahl auf uns selbst gestellt, was ein Nachteil ist. Nicht zufällig gelten Beziehungen, die in manchen Kulturen von wohlmeinenden und umsichtigen Familienmitgliedern eingefädelt werden, ohne den in Hollywood so beliebten Liebesrausch vorauszusetzen, als die glücklicheren.

Anders als bei den meisten dieser Kulturen sind aus Sicht der Glücksforschung Trennungen etwas Positives. Denn wie gesagt ist auf längere Sicht nichts dem Glück abträglicher als eine Beziehung, in der wir laufend wesentliche Enttäuschungen erleben. Die Glücksforschung empfiehlt, solche Beziehungen abzuhaken und beim nächsten Mal bei den Dingen, die uns wirklich wichtig sind, weniger Kompromisse einzugehen. Nicht zuletzt sind auch jene, denen wir deshalb einen Korb geben, damit höchstwahrscheinlich besser dran.

GLÜCKS-STRATEGIE NEUN:
BETRACHTE DICH SELBST UND ALLE ANDEREN ALS UNVERGLEICHLICH

Der französische Philosoph und Staatstheoretiker der Aufklärung Charles-Louis de Montesquieu hat das Problem mit den sozialen Vergleichen auf den Punkt gebracht: »Man will nicht nur glücklich sein, sondern glücklicher als die anderen. Und das ist deshalb so schwer, weil wir die anderen für glücklicher halten, als sie sind«, sagte er.

Er nahm dank seiner Beobachtungen vorweg, was die Glücksforschung inzwischen umfassend belegt hat. Uns mit anderen wertend zu vergleichen, macht uns unglücklich, weshalb eine Glücks-Strategie darin besteht, es zu unterlassen.

Aber wie soll das gehen, zumal es sich um ein unwillkürliches Phänomen handelt? Schließlich vergleichen wir uns unwillkürlich. Die Lösung liegt in etwas, das wir über uns selbst lernen müssen.

Wir sind unvergleichlich. Von unseren genetischen und epigenetischen Programmierungen über unsere sozialen Prägungen und Erfahrungen bis hin zu unserem ganzen Lebensweg gibt es keinen zweiten Menschen auf dieser Welt, der so ist wie wir. Das Einzigartige, das wir darstellen, das es so nur dieses eine einzige Mal gibt, wird mit unserem Tod von diesem Planeten verschwinden und niemals wiederkommen, genauso wenig, wie es davor jemals da war.

Vergleichen lassen sich höchstens Details. Wie groß sind meine Ohren im Vergleich zu deinen? Wie schnell kann ich rechnen im Vergleich zu dir? Wie hoch ist mein Einkommen im Vergleich zu deinem? Doch Details zu vergleichen, wird keinem Menschen jemals gerecht. Denn wir bestehen nicht aus einzelnen Details. Wir bestehen nicht einmal aus der Summe unserer Details. Wir sind als Menschen mehr als das. Wir sind einzigartig. Das sollte die Basis unseres Selbstbewusstseins sein, wenn wir glücklich sein wollen.

GLÜCKS-STRATEGIE ZEHN:
BEGLÜCKE DEINEN NÄCHSTEN WIE DICH SELBST

Eines der schönsten Dinge am Heiligen Abend ist unsere Freude über die Freude der anderen wegen der Geschenke, die wir ihnen gemacht haben. Wir alle kennen das angenehme Gefühl und die leichte Aufregung, wenn wir es geschafft haben, andere glücklich zu machen, ihnen Freude zu bereiten oder ihnen einfach zu helfen.

Warum das so ist, dafür haben wir in diesem Buch zwei Erklärungen gehört. Die eine besagt, dass Glück als Netzwerk auftritt, in dem das Glück, das wir für andere gleichsam einspeisen, direkt oder auch auf nicht mehr nachvollziehbaren Umwegen zu uns zurückkommt.

Die andere sagt, dass wir uns als Spezies Mensch nur aufgrund unserer Fähigkeit zur Gemeinschaft auf diesem Planeten durchsetzen können und dass die Evolution deshalb alles, was der Gemeinschaft dient, biochemisch mit Wohlgefühl belohnt.

Inwieweit die Netzwerkform des Glücks mit unserer Fähigkeit zur Gemeinschaft zusammenhängt, bleibt noch zu erforschen. Jedenfalls können wir unser Glücksempfinden verbessern, wenn wir uns mit anderen austauschen, sie respektieren, wahrnehmen und für sie da sind. Wir können es auch so sagen:

Egoismus und Narzissmus führen in die Depression, Altruismus und Empathie machen uns glücklicher. Unser Leben nach diesem

Prinzip auszurichten, sei es durch soziales En-
gagement welcher Art auch immer oder mehr
Achtsamkeit in allen unseren Beziehungen,
angefangen von jener zur Kassiererin unseres
Supermarktes bis zu jener zu unseren Lebens-
gefährten, ist wahrscheinlich die größte und
stabilste Quelle des Glücks, die
uns zur Verfügung steht.

GLÜCKS-STRATEGIE ELF:
LEBE LIEBER UNGEWÖHNLICH

Dass die glücklichen Phasen in unserem Leben immer zeitlich begrenzt sind, hat mit dem Gewöhnungseffekt zu tun.
Etwas macht uns glücklich und wir benutzen es so lange
für ebendiesen Effekt, bis er sich abnutzt und wir ihn völlig
verlieren.

Schicksal? Nicht unbedingt. Sobald wir merken, dass unser
durchschnittliches Glücksempfinden zu sinken beginnt, sollten wir aktiv werden. Um den Gewöhnungseffekt zu durch-
kreuzen, sollten wir bewusst Ungewöhnliches tun und Neues
ausprobieren. Wir sollten mehrere kleine und vielleicht auch
größere, jedenfalls erfrischende Veränderungen in unserem
Leben umsetzen, statt uns zu denken, dass alles noch immer
ganz zufriedenstellend ist. Jedenfalls sollten wir tätig werden, bevor uns die nächste Unglücksphase erreicht, denn in
dieser wird alles doppelt schwer.

Um unsere Glücksphase zu verlängern,
sollten wir rechtzeitig neue glücksbringende
Methoden ausprobieren, zum Beispiel
welche aus diesem Buch.

NACHWORT VON PROF. DR. MICHAEL KUNZE

Als Sozialmediziner war die Glücksforschung für mich immer schon besonders interessant. Denn ein glückliches Leben hält uns Menschen nachweislich gesund. Daher ist es auch für die Sozialmedizin essenziell, die Ergebnisse der Glücksforschung im Blick zu haben.

Interessanterweise ist die Definition von Glück ähnlich schwierig wie die Definition von Gesundheit. Gesundheit als Abwesenheit von Krankheit zu definieren, wäre genauso falsch wie Glück als Abwesenheit von Unglück zu beschreiben. Denn unser Körper lernt durch die Krankheit. Unser Immunsystem bildet Abwehrkräfte, die in weiterer Folge Schlimmeres verhindern. Genauso lernen wir hoffentlich durch das Unglück. Wir können gleichsam ein psychisches Immunsystem ausbilden, sodass wir danach längere Phasen ungetrübten Glücks erleben und genießen können.

Die Medizin hat in den Jahrzehnten, in denen ich aktiv als Mediziner tätig sein durfte, enorme Fortschritte gemacht. Wir haben Laborbefunde in ständig wachsender Zahl. Wir verfügen über Röntgen, CT und MRT. Wir schieben Endoskope in jede Körperöffnung, die wir finden. Mit manchen dieser Verfahren kommen wir sogar dem Glück auf die Spur. Wir können die Aktivitäten von Gehirnregionen sowie die bio- und elektrochemischen Vorgänge zwischen den Nervenzellen beobachten. Insofern hat auch die Medizin Anteil an den interdisziplinären Bemühungen der Glücksforschung.

Allerdings erfassen wir mit diesen medizinischen Verfahren nur die körperlichen Ergebnisse des Glücks. Als Sozialmediziner interessieren mich seit jeher besonders die Umstände, wie es zum Glück kommt. Wie können wir die glücklichmachende biochemische Kettenreaktion auslösen? Das sind jene Aspekte des Glücks, die mit der medizinischen Diagnostik nicht zu erfassen sind.

Hier kommt die Psychologie ins Spiel. Wie sich auch bei der Arbeit an diesem Buch gezeigt hat, hat die Psychologie bisher den Löwenanteil zur Erforschung des Glücks beigesteuert. Gleichwohl ist die Glücksforschung auch in der Psychologie nur ein Randthema. Das liegt wohl daran, dass sich jede Wissenschaft vor allem mit Problemen befasst. So gibt es auch in der Psychologie wesentlich mehr Studien und Erkenntnisse zum Thema Depression als zum Thema Glück. Denn das Glück betrachten wir eigentlich nicht als Problem. Genauso wie wir die Gesundheit nicht als das eigentliche Problem betrachten, sondern die Krankheit. Hier sehen wir, wie uns dieser problemzentrierte Ansatz unserer Wissenschaft vom Wesentlichen ablenkt. Vorausschauender wäre es, mehr Forschung über Glück und Gesundheit zu betreiben als über die depressive Verstimmung und andere Krankheiten.

Durch die Konzentration der Forschung auf das augenscheinlich Problematische, das offensichtlich Schlechte, werden Gesundheit und Glück gleichermaßen zum großen kaum kartografierten Bereich des Guten. Die Glücksforschung hat noch sehr viel zu tun.

Daher zeigt dieses Buch nur einen Zwischenstand. Es deckt das Wissen eines Forschungsbereiches ab, der noch relativ am Anfang seiner Entwicklung steht. Vielleicht wird es zur Glücksforschung in einem Jahrzehnt schon Lehrstühle und Institute an Universitäten geben. Vielleicht auch erst in zwei Jahrzehnten. Wahrscheinlich werde ich die Blütezeit der Glücksforschung in meiner Lebenszeit nicht mehr mitbekommen. Allerdings hoffe ich, dass dieses Buch einen Beitrag dazu leistet, dass möglichst viele Menschen den Wert der Glücksforschung erkennen und dementsprechend die Nachfrage nach seriöser Forschung steigt, was wiederum zu mehr Finanzierung im Bereich der Glücksforschung führt.

Außerdem ist zu hoffen, dass die Glücksforschung in nächster Zeit stärker als bisher über die Psychologie hinausgeht. Denn die Psychologie konzentriert sich üblicherweise vor allem auf das Individuum. Dieser Fokus ist zu eng. Wie wir gesehen haben, ist Glück nicht nur ein individuelles, sondern ein kollektives Phänomen. Was wir hoffentlich in den kommenden Jahren erleben werden, ist eine weitere Verbreitung der Glücksforschung in den anderen Humanwissenschaften, insbesondere in den Sozialwissenschaften. Die ersten Studien zur netzwerkartigen Verbreitung des Glücks in sozialen Zusammenhängen, seien es Freundschaftsnetzwerke oder Nachbarschaftsbeziehungen, liefern bereits sensationelle Ergebnisse. Diese Ergebnisse sind in den derzeitigen Wissensstand der Sozialwissenschaften nicht einfach einzuordnen. Da ist etwas Neues, Unerklärliches in den Blick der Forschung geraten. Dieser Umstand könnte eine völlig neue Entwicklung in der Sozialforschung anstoßen.

Diese Entwicklung hin zur Betrachtung des Glücks der ganzen Gesellschaft brauchen wir dringender denn je. Gerade in den schwierigen Zeiten, die wir heute erleben, brauchen wir Menschen dringend Glück. Dazu müssen wir verstehen, dass unser Glück mit dem Glück aller anderen Menschen und unserem Sein in der Natur zusammenhängt. Wir brauchen mehr denn je das Wissen, wie wir unser aller Glück gemeinsam steigern können, den äußeren Umständen zum Trotz.

GLÜCKS-STRATEGIE ZWÖLF:
POSITIVE FLASHBACKS NUTZEN

Wir können alle viel tun, um über möglichst weite Strecken selbst ein glückliches Leben zu führen und zum glücklichen Leben anderer beizutragen. Dazu ein Tipp, den ich Ihnen, sehr verehrte Leserinnen und Leser, als zwölfte Glücks-Strategie an dieser Stelle noch mitgeben will: Es gibt das noch weitgehend unerforschte Phänomen der positiven Flashbacks. Landläufig bekannt sind nur die negativen Flashbacks. Manchmal passieren sehr schlimme Dinge, zum Beispiel Verkehrsunfälle mit entstellten Schwerverletzten. Negative Flashbacks können Unfallopfer und auch Ersthelfer haben. Sie erinnern sich plötzlich an die Szene am Unfallort und durchleben das traumatische Geschehen gleichsam erneut. Die Flashbacks werden ausgelöst durch einfache Sinneseindrücke. Oft sind es Gerüche oder der Anblick bestimmter Dinge, die sich in das Gedächtnis der Traumatisierten eingebrannt haben.

Nach diesem Prinzip funktionieren auch positive Flashbacks. Wir alle kennen solche Momente. Wir erinnern uns plötzlich, ausgelöst durch irgendwelche Sinneseindrücke, an etwas besonders Schönes in unserem Leben. Die positiven Flashbacks sind häufiger als die negativen. Sie erzeugen einen regelrechten Schub an Gefühlen, die uns glücklich machen. Leider gibt es noch keine Studien, die die glücksfördernden Effekte von positiven Flashbacks untersuchen. Aber ich kann Ihnen aus eigener Erfahrung dazu berichten.

Es war zur Weihnachtszeit irgendwann in den frühen 1990er Jahren, als ich damit begann, mir dieses Phänomen zunutze zu machen. Damals, vor rund dreißig Jahren, war ich bereits seit rund zwanzig Jahren ordentlicher Professor am Institut für Sozialmedizin an der *Medizinischen Universität* in Wien. Ich bin an diesem kalten, grauen Morgen wie an jedem Arbeitstag die kurze Strecke von der U-Bahn-Station Alserstraße zu unserem Institut in der Kinderspitalgasse gegangen.

Da kommt mir ein Mann mit einem im weißen Netz verpackten Christbaum entgegen. Schon von weitem ist mir aufgefallen, dass der Mann alle Mühe hatte, den Christbaum zu tragen. Es war nämlich ein ungewöhnlich großer Christbaum, den er da zu schleppen hatte. Zu bauchig, um ihn auf der Schulter zu tragen. Zu groß, um ihn seitlich zu nehmen. Der Mann probierte es huckepack. Er stellte sich vor den Baum, der ihn um mehr als einen Meter überragte, ging in die Knie, griff nach hinten und beugte sich vor, wobei er sich den Baum auf den Rücken zog. Das klappte auch prinzipiell. Nur war es für den etwas beleibten Herrn offensichtlich extrem anstrengend, in dieser vorgebeugten Körperhaltung zu gehen. Er sah aus wie ein beladener Skispringer, der seine gestreckten Arme krampfhaft nach oben presste, um den Baum auf seinem Rücken zu halten. So kam der Mann ein paar Meter weit, dann musste er wieder absetzen und verschnaufen.

Da ich an diesem Morgen keinen Termin hatte, hatte ich es nicht ganz eilig. Also fragte ich den Mann: »Brauchen Sie Hilfe?«

Er nickte dankbar. »Mein Auto steht gleich um die Ecke.«

Den Baum zu zweit fünfzig Meter weit zu tragen, war überhaupt kein Problem. Das Auto des Mannes hatte einen Dachträger und Spanngurte. Er legte noch eine dicke Decke auf sein Autodach, um Kratzer zu verhindern. Dann, auf sein Kommando, wuchteten wir den Baum hinauf. Da geschah es. Der frische Duft des Nadelbaums, der sanft auf der Decke am Autodach landete, stieg mir in die Nase. Und plötzlich war ich auf dem kleinen Waldweg zwischen Wagerberg und Sauberg in der Steiermark. Für einen kurzen Moment war ich dort, atmete die sommerliche Waldluft, den warmen Duft der von der aufgehenden Sonne gewärmten Tannen. Dann holte mich die Realität wieder ein. Der Mann bedankte sich und ich ging zurück zum Institut. Oder besser gesagt: Ich schwebte. Ich fühlte mich richtig gut.

Dass ich gerade eine gute Tat begangen hatte, mag den Effekt verstärkt haben. Mir war klar, dass das ein echter Flashback gewesen war und dass der Geruchssinn, der in einer unserer entwicklungsgeschichtlich ältesten Gehirnregionen sitzt, dieses Phänomen ausgelöst hatte. Der Flashback an sich war nicht weiter bemerkenswert. Bemerkenswert war allerdings der Umstand, dass das Hochgefühl den ganzen Vormittag anhielt.

Seit diesem Tag achte ich auf die vielen schönen Momente, die mein Gedächtnis mir im Alltag immer wieder blitzlichtartig zu Bewusstsein bringt. Wir alle kennen das. Diese besonderen Momente aus unserer Vergangenheit tauchen relativ oft auf. Mit ein wenig Training können wir uns konditionieren. Wir können lernen, diese schönen Blitzlicht-Momente in unser Bewusstsein dringen zu lassen und sie bewusst zu genießen. Das sorgt für laufende kleine Schübe des Glücks. Mit der Zeit werden Sie feststellen, dass sich bestimmte Bilder wiederholen. Diese Bilder können sie immer wieder aus ihrem Gedächtnis hervorholen, um die schönen Momente in Gedanken wieder zu erleben.

Diese schönen Momente sind genau das, was bei Ihnen ganz persönlich die Glückshormone zur Ausschüttung bringt. Das können Sie sich immer wieder herholen. Denken Sie nicht viel darüber nach. Analysieren Sie das gute Gefühl nicht. Sorgen Sie nur durch ein bewusstes Wechselspiel zwischen Bewusstsein und dem Unbewussten, das diese Momente aus ihrem Gedächtnis hervorholt, dafür, dass diese Momente nicht wieder abtauchen, sondern ihnen im Gedächtnis bleiben. Das sind kleine Glücksspeicher für Sie.

Je älter Sie werden, desto mehr solcher Glücksspeicher werden sich in Ihrem Leben ansammeln. Vielleicht ist es auch diesem Umstand geschuldet, dass die Menschen nach der Midlife-Crisis glücklicher werden. Mein Leben ist reich an diesen kleinen Glücksspeichern. Mit der Zeit bin ich dazu übergegangen, mir eine Liste anzulegen und die schönen Momente als Stichworte zu sammeln. Das sind durchwegs Kleinigkeiten, die nur für mich eine besondere Bedeutung haben. Sei es eine ganz frühe Erinnerung an eine Burg im Sandkasten mit Wassergraben. Sei es ein besonders inniges Umarmen meiner Frau während eines Gewitters. Sei es der

Blick vom Semmering hinüber auf die Rax. Manchmal nehme ich diese Liste zur Hand und überfliege die Stichworte. Damit rufe ich den einen oder anderen schönen Moment, den ich sonst vielleicht wieder vergessen hätte, bewusst wieder in mein Gedächtnis.

Derzeit bin ich einer der letzten lebenden emeritierten Professoren, die noch an der *Medizinischen Universität Wien* aktiv sind. Laut einer uralten gesetzlichen Regelung muss ich mich nicht in die Pension zurückziehen, sondern darf weiter meiner Arbeit nachgehen. Nach wie vor gehe ich an jedem Arbeitstag in mein Büro am Institut. Die Verwaltungsaufgaben, die ich früher als Institutsvorstand zu erledigen hatte, sind weggefallen. Um die Infrastruktur kümmern sich meine Nachfolger. Umso mehr Zeit habe ich, mich der sozialmedizinischen Forschung zu widmen und die Diplomarbeiten und Dissertationen von Studierenden zu betreuen.

Natürlich habe ich auch meinen Teil an Schicksalsschlägen abbekommen. Aber beklagen möchte ich mich nicht. Ich habe eine wunderbare Familie und blicke auf ein schönes, erfülltes Leben zurück. Ich durfte 1985 dabei sein, als Sir Karl Popper bei einem Vortrag in Zürich meinte: »Ich bin 83 ... heute der glücklichste Mensch, den ich kenne. Ich finde das Leben unbeschreiblich wundervoll.«

Als Jahrgang 1942 kann ich mich diesem Lebensgefühl nur anschließen. Ich orientiere mich seit vielen Jahren an den Erkenntnissen der Glücksforschung. Sie hat mein Leben sanft in eine gute Bahn gelenkt. Dieses Wissen in einer für viele Menschen zugänglichen Form weiterzugeben, war mir ein echtes Anliegen.

Umso dankbarer bin ich Silvia Jelincic für ihre Initiative zu diesem Buch, das ich als wissenschaftlicher Supervisor begleiten durfte. Als Sozialmediziner hoffe ich, dass dieses Buch weite Verbreitung findet. Es ist ein Wegweiser, ein Reiseführer. Es enthält viele Tipps und Ratschläge, die es wert sind, bedacht und möglicherweise befolgt zu werden. Aber es liefert keine Patentrezepte. Die Anwendung der Erkenntnisse der Glücksforschung auf das eigene Leben liegt in unserer eigenen Verantwortung.

Insofern hoffe ich, dass viele Menschen diese Verantwortung annehmen und sich selbst und ihre Umwelt glücklicher machen. Denn wie gesagt: Mit dem Glück steigt auch die allgemeine Gesundheit. Die Förderung der Gesundheit der Allgemeinheit ist seit vielen Jahrzehnten meine Aufgabe. Der schönste Teil dieser Aufgabe ist für mich die Verbreitung des Glücks. In diesem Sinne hoffe ich, dass Sie, sehr verehrte Leserinnen und Leser, beim Lesen dieses Buches das empfinden, was ich bei der Arbeit daran empfinden durfte: Glück. Wenn Sie dieses Glück spüren, dann sollte es Ihnen leicht fallen, diesem Gefühl nachzugehen und das Buch weiterzuempfehlen, es vielleicht sogar zu verborgen oder zu verschenken. Auf dass sich das Glück verbreitet.

QUELLENANGABEN

Aknin, L. B.; Sandstrom, G. M.; Dunn, E. W. & Norton, M. I. (2010). Investing in Others: Prosocial Spending for (Pro)Social Change. Positive Psychology as Social Change, 219–234. doi: 10.1007/978-90-481-9938-9_13.

Alesin, Alberto; Di Tella, Rafael & MacCulloch, Robert (2001): Inequality and Happiness: Are Europeans and Americans Different?, NBER Working Paper No 8198, Cambridge.

Apaolaza, V.; Hartmann, P.; D'Souza, C. & López, C. M. (2018). Eat organic – Feel good? The relationship between organic food consumption, health concern and subjective wellbeing, Food Quality and Preference, 63, S. 51-62.

Apergis, N. (2018). The Impact of Greenhouse Gas Emissions on Personal Well-Being: Evidence from a Panel of 58 Countries and Aggregate and Regional Country Samples, Journal of Happiness Studies, 19, S. 69-80.

Babyak, M.; Blumenthal, J. A.; Herman, S.; Khatri, P.; Doraiswamy, M.; Moore, K.; ... Ranga Krishnan, K. (2000). Exercise Treatment for Major Depression: Maintenance of Therapeutic Benefit at 10 Months. Psychosomatic Medicine, 62(5), 633–638. doi:10.1097/00006842-200009000-00006.

Bar, M. (2009). A cognitive neuroscience hypothesis of mood and depression. Trends in Cognitive Sciences, 13(11), 456–463. doi:10.1016/j.tics.2009.08.009.

Becchetti, L.; Trovato, L. & Londono Bedoya, D. A. (2011). Income, relational goods and happiness, Applied Economics, 43:3, 273-290, DOI: 10.1080/00036840802570439.

Becker, C.; Kirchmaier, I. & Trautmann, S. T. (2019). Marriage, parenthood and social network: Subjective well-being and mental health in old age. PloS one, 14(7), e0218704. https://doi.org/10.1371/journal.pone.0218704

Boyce, C. J.; Brown, G. D. A. & Moore, S. C. (2010). Money and Happiness: Rank of Income, Not Income, Affects Life Satisfaction. Psychological Science, 21(4), 471–475. https://doi.org/10.1177/0956797610362671

Bratman, G. N.; Hamilton, J. P.; Hahn, K. S.; Daily, G. C. & Gross, J. J. (2015). Nature experience reduces rumination and subgenual prefrontal cortex activation. Proceedings of the National Academy of Sciences, 112(28), 8567–8572. doi:10.1073/pnas.1510459112.

Brickman, P.; Coates, D. & Janoff-Bulman, R. (1978). Lottery winners and accident victims: is happiness relative? Journal of personality and social psychology, 36 8, 917-27.

Brunyé, T. T.; Gagnon, S. A.; Paczynski, M.; Shenhav, A.; Mahoney, C. R. & Taylor, H. A. (2013). Happiness by association: Breadth of free association influences affective states. Cognition, 127(1), 93–98. doi:10.1016/j.cognition.2012.11.015.

Buchanan, K. E. & Bardi, A. (2010). Acts of Kindness and Acts of Novelty Affect Life Satisfaction, The Journal of Social Psychology, 150:3, 235-237, DOI: 10.1080/00224540903365554.

Chopik, W. J. (2016). The Benefits of Social Technology Use Among Older Adults Are Mediated by Reduced Loneliness. Cyberpsychology, Behavior, and Social Networking, 19(9), 551–556. doi:10.1089/cyber.2016.0151.

Clark, A.; Knabe, A. & Rätzel, S. (2008). Unemployment as a Social Norm in Germany. Schmollers Jahrbuch. 129. Doi:10.2139/ssrn.1291059.

Clark, Andrew & Oswald, Andrew (1994): Unhappiness and Unemployment, Economic Journal Vol 104, No 424, S. 648-659.

Clipman, J. M. (1999). A Hug a Day Keeps the Blues Away: The Effect of Daily Hugs on Subjective Well-Being in College Students. Vortrag beim siebzigsten Jahrestreffen der Eastern Psychological Association, Boston, MA.

Csikszentmihalyi, M. (1999). If we are so rich, why aren't we happy? American Psychologist, 54(10), 821–827. doi:10.1037/0003-066x.54.10.821.

Csikszentmihalyi, M. (2008). Flow: The Psychology of Optimal Experience, HarperCollins.

Davis, L.; Fowler, S.; Best, L & Both, L (2020). The Role of Body Image in the Prediction of Life Satisfaction and Flourishing in Men and Women, Journal of Happiness Studies, 21, S. 505-525.

De Neve, J. & Ward, G. W. (2017). Happiness at Work. Saïd Business School WP 2017-07. doi:10.2139/ssrn.2943318.

DeAndrea, D. C.; Ellison, N. B.; LaRose, R.; Steinfield, C. & Fiore, A. (2012). Serious social media: On the use of social media for improving students' adjustment to college. The Internet and Higher Education, 15(1), 15–23. doi:10.1016/j.iheduc.2011.05.009.

Debrot, A.; Meuwly, N.; Muise, A.; Impett, E. A. & Schoebi, D. (2017). More Than Just Sex. Personality and Social Psychology Bulletin, 43(3), 287–299. doi:10.1177/0146167216684124.

Dell'Osso, L.; Claudia Carmassi, C.; Federico Mucci, F.; Donatella Marazziti, D. (2016) Depression, Serotonin and Tryptophan. Current Pharmaceutical Design 2016;22(8):949-54. DOI: 10.2174/1381612822666151214104826.

Drigotas, S. M. (2002). The Michelangelo phenomenon and personal well-being. Journal of Personality, 70, S. 59-77.

Dunn, E. W.; Aknin, L. B. & Norton, M. I. (2008). Spending Money on Others Promotes Happiness. Science, 319(5870), 1687–1688. doi:10.1126/science.1150952.

Epley, N. & Schroeder, J. (2014). Mistakenly seeking solitude. Journal of experimental psychology: General, 143(5), 1980–1999. https://doi.org/10.1037/a0037323

Feruglio, S.; Matiz, A.; Grecucci, A.; Pascut, S.; Fabbro, F., & Crescentini, C. (2020). Differential effects of mindfulness meditation conditions on repetitive negative thinking and subjective time perspective: a randomized active-controlled study. Psychology & Health, 1–24. doi:1 0.1080/08870446.2020.1836178.

Field, T. (2010). Touch for socioemotional and physical well-being: A review, Developmental Review, Volume 30, Issue 4, S. 367-383.

Fowler, J. & Christakis, N. (2008). Dynamic Spread of Happiness in a Large Social Network: Longitudinal Analysis Over 20 Years in the Framingham Heart Study. BMJ (Clinical research ed.). 337. a2338. doi:10.1136/bmj.a2338.

Fowler, J. H. & Christakis, N. A. (2010). Cooperative behavior cascades in human social networks. Proceedings of the National Academy of Sciences, 107(12), 5334–5338. doi:10.1073/pnas.0913149107.

Fredrickson, B. L.; Cohn, M. A.; Coffey, K. A.; Pek, J. & Finkel, S. M. (2008). Open hearts build lives: Positive emotions, induced through loving-kindness meditation, build consequential personal resources. Journal of Personality and Social Psychology, 95(5), 1045–1062. https://doi.org/10.1037/a0013262.

Gallace, A. & Spence, C. (2010). The science of interpersonal touch: An overview, Neuroscience & Biobehavioral Reviews, Volume 34, Issue 2, S. 246-259.

Gardiner, G.; Lee, D.; Baranski, E.; Funder, D. Members of the International Situations Project (2020) Happiness around the world: A combined etic-emic approach across 63 countries. PLoS ONE 15(12): e0242718. https://doi.org/10.1371/journal.pone.0242718

Gordon, A. M. & Chen, S. (2014). The Role of Sleep in Interpersonal Conflict: Do Sleepless Nights Mean Worse Fights? Social Psychological and Personality Science, 5(2), 168–175. https://doi.org/10.1177/1948550613488952.

Grözinger, G. & Matiaske, W. (2013). The Direct and Indirect Impact of Religion on Well-Being in Germany. https://link.springer.com/article/10.1007/s11205-013-0308-9

Guillemin, I.; Marrel, A.; Arnould, B.; Capuron, L.; Dupuy, A.; Ginon, E., et al. (2016). How French subjects describe well-being from food and eating habits? Development, item reduction and scoring definition of the Well-Being related to Food Questionnaire (Well-BFQ). Appetite, 96, S. 333-346.

Hamilton, N. A.; Nelson, C. A.; Stevens, N. & Kitzman, H. (2006). Sleep and psychological well-being. Social Indicators Research, 82(1), 147–163. doi:10.1007/s11205-006-9030-1.

Harzer, C. & Ruch, W. (2012). When the job is a calling: The role of applying one's signature strengths at work. The Journal of Positive Psychology, 7(5), 362–371. doi:10.1080/17439760.2012.702784.

Headey, B. (2007). Life Goals Matter to Happiness: A Revision of Set-Point Theory. Social Indicators Research, 86(2), 213–231. doi:10.1007/s11205-007-9138-y.

Heller, A.; Shi, T.C.; Ezie, C.E.; Reneau, T.R.; Baez, L.M.; Gibbons, C.J. & Hartley, C. (2020). Association between real-world experiential diversity and positive affect relates to hippocampal–striatal functional connectivity. Nature Neuroscience. doi:10.1038/s41593-020-0636-4.

Hendy, H. M. (2012). Which comes first in food–mood relationships, foods or moods? Appetite, Volume 58, Issue 2, Pages 771-775. https://doi.org/10.1016/j.appet.2011.11.014.

Hoare, P. N. & Machin, M. A. (2006). Maintaining Wellbeing during Unemployment. Australian Journal of Career Development, 15(1), 19–27. doi:10.1177/103841620601500105.

Hölzel, B. K.; Carmody, J.; Vangel, M.; Congleton, C.; Yerramsetti, S. M.; Gard, T. & Lazar, S. W. (2011). Mindfulness practice leads to increases in regional brain gray matter density. Psychiatry Research: Neuroimaging, 191(1), 36–43. doi:10.1016/j.pscychresns.2010.08.006.

Hönig, K. (2016). Flow. Jenseits von Langeweile und Überforderung, Zeitschrift für Herz-, Thorax- und Gefäßchirurgie, 31, S. 65-71.

Howell, R. T. & Hill, G. (2009). The mediators of experiential purchases: Determining the impact of psychological needs satisfaction and social comparison. The Journal of Positive Psychology, 4(6), 511–522. https://doi.org/10.1080/17439760903270993

Howell, R. T.; Chenot, D.; Hill, G. & Howell, C. J. (2009). Momentary Happiness: The Role of Psychological Need Satisfaction. Journal of Happiness Studies, 12(1), 1–15. doi:10.1007/s10902-009-9166-1.

Hu, M. & Ye, W. (2020). Home Ownership and Subjective Wellbeing: A Perspective form Ownership Heterogeneity, Journal of Happiness Studies, 21, S. 1059-1079.

Jackson S.E.; Steptoe A.; Beeken R.J.; Kivimaki M. & Wardle J. (2014). Psychological Changes following Weight Loss in Overweight and Obese Adults: A Prospective Cohort Study. PLOS ONE 9(8): e104552. https://doi.org/10.1371/journal.pone.0104552

Johnson, D. (2009). Mystery couple starts «magical" chain reaction. Retrieved December 14, 2009, from http://www.nbcphiladelphia.com/news/local-beat/Mystery-Couple-Pay-ItForward-79179347.html?yhp=1

Jordan, A. H.; Monin, B.; Dweck, C. S.; Lovett, B. J.; John, O. P. & Gross, J. J. (2011). Misery Has More Company Than People Think: Underestimating the Prevalence of Others' Negative Emotions. Personality and Social Psychology Bulletin, 37(1), 120–135. https://doi.org/10.1177/0146167210390822

Kahneman, D. & Deaton, A. (2010). High income improves evaluation of life but not emotional well-being. Proceedings of the National Academy of Sciences, 107(38), 16489–16493. doi:10.1073/pnas.1011492107.

Kaplan, A. & Maehr, M. L. (1999). Achievement Goals and Student Well-Being. Contemporary Educational Psychology, 24(4), 330–358. doi:10.1006/ceps.1999.0993.

Keltner D.; Bowman, R. & Richards, H. (2017). Exploring the emotional state of 'real happiness'. A study into the effects of watching natural history television content. Retrieved from https://asset-manager. bbcchannels.com/workspace/uploads/bbcw-real-happiness-white-paper-final-v2-58ac1df7.pdf

King, L. A. (2001). The health benefits of writing about life goals. Personality and Social Psychology Bulletin, 27, S. 798-807.

Kumar, A. & Epley, N. (2020). It's surprisingly nice to hear you: Misunderstanding the impact of communication media can lead to suboptimal choices of how to connect with others. Journal of experimental psychology, General. 2020 Sep 10. doi: 10.1037/xge0000962. Epub ahead of print. PMID: 32915017.

Lacey, H. P.; Smith, D. M. & Ubel, P. A. (2006). Hope I Die before I Get Old: Mispredicting Happiness Across the Adult Lifespan. Journal of Happiness Studies, 7(2), 167–182. https://doi.org/10.1007/ s10902-005-2748-7.

Lathia, N.; Sandstrom, G. M.; Mascolo, C. & Rentfrow, P. J. (2017). Happier People Live More Active Lives: Using Smartphones to Link Happiness and Physical Activity. PLOS ONE, 12(1), e0160589. doi:10.1371/ journal.pone.0160589.

Lefevre, J. (1988). Flow and the quality of experience during work and leisure, In: Csikszentmihalyi, M. & Csikszentmihalyi, I. S. (Hrsg.): Optimal Experience: Psychological Studies of Flow in Consciousness. Cambridge University Press
Leist, A. K. & Müller, D. (2012). Humor Types Show Different Patterns of Self-Regulation, Self-Esteem, and Well-Being. Journal of Happiness Studies, 14(2), 551–569. doi:10.1007/s10902-012-9342-6.

Linley, P. A.; Nielsen, K. M.; Gillett, R. & Biswas-Diener, R. (2010). Using signature strengths in pursuit of goals: Effects on goal progress, need satisfaction, and well-being, and implications for coaching psychologists. International Coaching Psychology Review, 5(1), 6–15.

Loewenstein, G.; Krishnamurti, T.; Kopsic, J., & McDonald, D. (2015). Does Increased Sexual Frequency Enhance Happiness? Journal of

Economic Behavior & Organization, 116, 206–218. doi:10.1016/j.
jebo.2015.04.021.

Luechinger, S. (2009). Valuing Air Quality Using the Life Satisfaction Approach. The Economic Journal, 119(536), 482–515.
doi:10.1111/j.1468-0297.2008.02241.x.

Lyubomirsky, S. (2008). Glücklich sein. Warum Sie es in der Hand
haben, zufrieden zu leben. Frankfurt: Campus Verlag, S. 101-102.

Lyubomirsky, S. & Layous, K. (2013). How Do Simple Positive Activities Increase Well-Being? Current Directions in Psychological Science,
22(1), 57–62. doi:10.1177/0963721412469809.

Lyubomirsky, S.; Sousa, L. & Dickerhoof, R. (2006). The costs and
benefits of writing, talking, and thinking about life's triumphs and
defeats. Journal of Personality and Social Psychology, 90(4), 692–708.
https://doi.org/10.1037/0022-3514.90.4.692.

MacKerron, G. & Mourato, S. (2013). Happiness is greater in natural environments. Global Environmental Change, 23(5), 992–1000.
doi:10.1016/j.gloenvcha.2013.03.010.

Martin, A.; Goryakin, Y. & Suhrcke, M. (2014). Does active commuting
improve psychological wellbeing? Longitudinal evidence from eight-
een waves of the British Household Panel Survey. Preventive Medicine, 69, 296–303. doi:10.1016/j.ypmed.2014.08.023.

Mauss, I. B.; Tamir, M.; Anderson, C. L. & Savino, N. S. (2011). Can seeking happiness make people unhappy? Paradoxical effects of valuing
happiness. Emotion, 11(4), 807–815. https://doi.org/10.1037/a0022010.

Medvec, V. H.; Madey, S. F. & Gilovich, T. (1995). When less is more:
Counterfactual thinking and satisfaction among Olympic medalists.
Journal of Personality and Social Psychology, 69(4), 603–610. https://
doi.org/10.1037/0022-3514.69.4.603.

Mitchell, R. G. (1988): Sociological implications of the flow experience. In: Csikszentmihalyi, M. & Csikszentmihalyi, I. S. (Hrsg.): Optimal
Experience: Psychological Studies of Flow in Consciousness. Cam-

bridge University Press Myrskylä, M. & Margolis, R. (2014). Happiness: Before and After the Kids. Demography, 51, 5, S. 1843-1866.

Nagasawa, M.; Mitsui, S.; En, S.; Ohtani, N.; Ohta, M.; Sakuma, Y.; Onaka T. & Kikusui, T. (2015). Oxytocin-gaze positive loop and the coevolution of human-dog bonds. Science 17 Apr 2015: Vol. 348, Issue 6232, pp. 333-336. DOI: 10.1126/science.1261022.

Nelson, L. D. & Meyvis, T. (2008). Interrupted Consumption: Disrupting Adaptation to Hedonic Experiences. Journal of Marketing Research, 45(6), 654–664. https://doi.org/10.1509/jmkr.45.6.654

Nikolaev, B. (2018). Does Higher Education Increase Hedonisitic and Eudaimonic Happiness?, Journal of Happiness Studies, 19, S. 483-504.

Oh, Y.; Chesebrough, C.; Erickson, B.; Zhang, F. & Kounios, J. (2020). An insight-related neural reward signal. NeuroImage, 116757. DOI: 10.1016/j.neuroimage.2020.116757.

Pilcher, J. J.; Ginter, D. R. & Sadowsky, B. (1997). Sleep quality versus sleep quantity: Relationships between sleep and measures of health, well-being and sleepiness in college students. Journal of Psychosomatic Research, 42(6), 583–596. doi:10.1016/s0022-3999(97)00004-4.

Pittman, M. (2018). Happiness, Loneliness, and Social Media: Perceived Intimacy Mediates the Emotional Benefits of Platform Use. The Journal of Social Media in Society Fall 2018, 7(2), 164-176.

Pollmann, S. M. (2014). Parenthood and Life Satisfaction: Why Don't Children Make People Happy? Journal of Marriage & Family, 76(2), 319–336. https://doi-org.uaccess.univie.ac.at/10.1111/jomf.12095

Proyer, R. T. (2014). Perceived functions of playfulness in adults: Does it mobilize you at work, rest, and when being with others? Revue Européenne de Psychologie Appliquée/European Review of Applied Psychology, 64(5), 241–250. doi:10.1016/j.erap.2014.06.001.

Proyer, R. T.; Gander, F.; Brauer, K. & Chick, G. (2020). Can Playfulness be Stimulated? A Randomised Placebo-Controlled Online Playfulness Intervention Study on Effects on Trait Playfulness, Well-Being,

and Depression. Applied psychology. Health and well-being, 10.1111/
aphw.12220. https://doi.org/10.1111/aphw.12220

Proyer, Rene T. (2013). The well-being of playful adults: Adult playfulness, subjective well-being, physical well-being, and the pursuit of
enjoyable activities. European Journal of Humour Research, 1(1):84-98.
https://doi.org/10.5167/uzh-78008.

Reichert M.; Braun, U.; Gan, G.; Reinhard, I.; Giurgiu, M.; Ma R., …
Meyer-Lindenberg, A. (2020). A neural mechanism for affective well-
being: Subgenual cingulate cortex mediates real-life effects of none-
xercise activity on energy, Science Advances, Vol. 6, no. 45, eaaz8934.
DOI: 10.1126/sciadv.aaz8934.

Rose, D. & Stavrova, O. (2018). Does life satisfaction predict reem-
ployment? Evidence from German panel data, Journal of Economic
Psychology. https://doi.org/10.1016/j.joep.2018.12.008

Rozin, P. (2005). The Meaning of Food in our Lifes: A Cross-Cultural
Perspective on Eating and Well-Being. Journal of Nutrition Education
and Behavior, 37, S. 107-112.

Sailer, U.; Triscoli, C.; Häggblad, G.; Hamilton, P.; Olausson, H. & Croy,
I. (2016). Temporal dynamics of brain activation during 40 minutes of
pleasant touch, NeuroImage, Volume 139, S. 360-367.

Sandstrom, G. M. & Dunn, E. W. (2014). Social Interactions
and Well-Being: The Surprising Power of Weak Ties. Personality and Social Psychology Bulletin, 40(7), 910–922. https://doi.
org/10.1177/0146167214529799.

Sano, A.; Phillips, A.; McHill, A.; Taylor, S.; Barger, L.; Czeisler, C. &
Picard, R. (2017). 0182 Influence of weekly sleep regularity on self-re-
ported wellbeing. Sleep, 40(suppl_1), A67–A68. doi:10.1093/sleepj/
zsx050.181.

Schwandt, H. (2013). Unmet Aspirations as an Explanation for the Age
U-shape in Human Wellbeing. Centre of Economic Performance (CEP)
Discussion Paper No 1229. https://cep.lse.ac.uk/pubs/download/
dp1229.pdf

Selhub, E. (2015). Nutritional psychiatry: Your brain on food. https://www.health.harvard.edu/blog/nutritional-psychiatry-your-brain-on-food-201511168626

Sherman, A. & Shavit, T. (2018). The Thrill of Creative Effort at Work: An Empirical Study on Work, Creative Effort and Well-Being. Journal of Happiness Studies, 19, S. 2049-2069.

Solnick, S. J. & Hemenway, D. (1998). Is more always better? A survey on positional concerns. Journal of Economic Behavior & Organization, 37(3), 373–383. doi:10.1016/s0167-2681(98)00089-4.

Suh, E.; Diener, E. & Fujita, F. (1996). Events and subjective well-being: Only recent events matter. Journal of Personality and Social Psychology, 70(5), 1091–1102. https://doi.org/10.1037/0022-3514.70.5.1091

Tamir, M.; Schwartz, S. H.; Oishi, S. & Kim, M. Y. (2017). The secret to happiness: Feeling good or feeling right? Journal of experimental psychology: General, 146(10), 1448–1459. https://doi.org/10.1037/xge0000303

Tromholt, M. (2016). The facebook experiment: Quitting facebook leads to higher levels of well-being. Cyberpsychology, Behavior, and Social Networking, 19, 661–666. https://doi.org/10.1089/cyber.2016.0259.

Tu, Y. & Zhang, S. (2015). Loneliness and Subjective Well-Being among Chinese Undergraduates: The Mediating Role of Self-Efficacy. Social Indicator Research 124, S. 963–980. https://doi.org/10.1007/s11205-014-0809-1

Ueda, P.; Mercer, C. H.; Ghaznavi, C. & Herbenick, D. (2020). Trends in Frequency of Sexual Activity and Number of Sexual Partners Among Adults Aged 18 to 44 Years in the US, 2000-2018. JAMA Network Open, 3(6), e203833. doi:10.1001/jamanetworkopen.2020.3833.

Ulrich, R. (1984). View through a window may influence recovery from surgery. Science, 224(4647), 420–421. doi:10.1126/science.6143402.

Van der Horst, M. & Coffé, H. (2012): How Friendship Network Characteristics Influence Subjective Well-Being, Social Indicators Research, 107, S. 509-529.

Vogel, E. A.; Rose, J. P.; Roberts, L. R. & Eckles, K. (2014). Social comparison, social media, and self-esteem. Psychology of Popular Media Culture, 3(4), 206–222. doi:10.1037/ppm0000004.

Vorwerk, N. (2013). Wie entsteht Glück und was macht es mit uns? In: Johann, T. & Möller, T.: Positive Psychologie im Beruf. Springer Gabler, Wiesbaden. https://doi-org.uaccess.univie.ac.at/10.1007/978-3-658-00265-7_2

Vrangalova, Z. & Ong, A. D. (2014). Who Benefits From Casual Sex? The Moderating Role of Sociosexuality. Social Psychological and Personality Science, 5(8), 883–891. https://doi.org/10.1177/1948550614537308

Wadsworth, T. (2013). Sex and the Pursuit of Happiness: How Other People's Sex Lives are Related to our Sense of Well-Being. Social Indicators Research, 116(1), 115–135. doi:10.1007/s11205-013-0267-1.

Waldinger, R. J. (2005; ongoing). Study of Adult Development. https://www.adultdevelopmentstudy.org/

Walsh, L. C.; Boehm, J. K. & Lyubomirsky, S. (2018). Does Happiness Promote Career Success? Revisiting the Evidence. Journal of Career Assessment, 26(2), 199–219. https://doi.org/10.1177/1069072717751441

Wirtz, D.; Tucker, A.; Briggs, C. & Schoemann, A. M. (2020). How and Why Social Media Affect Subjective Well-Being: Multi-Site Use and Social Comparison as Predictors of Change Across Time. Journal of Happiness Studies. doi:10.1007/s10902-020-00291-z.

Yiengprugsawan, V.; Banwell, C.; Takeda, W; Dixon, J.; Seubsman, S.A. & Sleigh, A. C. (2015). Health, happiness and eating together: What can a large Thai cohort study tell us? Global Journal of Health Science, 7, S. 270-277.

Yukhymenko-Lescroart, M. & Sharma, G. (2018). The Relationship Between Faculty Members Passion for Work and Well-Being.

Yukhymenko-Lescroart, M. A. & Sharma, G. (2020). Passion for Work and Well-Being of Working Adults. Journal of Career Development, 089484532094639. doi:10.1177/0894845320946398.

Zhang, J. W.; Piff, P. K.; Iyer, R.; Koleva, S. & Keltner, D. (2014). An occasion for unselfing: Beautiful nature leads to prosociality. Journal of Environmental Psychology, 37, 61–72. doi:10.1016/j.jenvp.2013.11.008.

Zheng, S.; Wang, J.; Sun, C.; Zhang, X. & Kahn, M. E. (2019). Air pollution lowers Chinese urbanites' expressed happiness on social media. Nature Human Behaviour. doi:10.1038/s41562-018-0521-2.

DIE AUTOREN

Dr. Michael Kunze, langjähriger Leiter des Instituts für Sozialmedizin der Medizinischen Universität Wien, ist Facharzt für Hygiene, Mikrobiologie und Professor für Sozialmedizin.

Dr. Silvia Jelincic ist Journalistin, Unternehmerin, Buchautorin und betreibt die Blogging Plattform fisch+fleisch. Sie lebt mit ihrer Familie in Niederösterreich.